Le capitalisme comme religion

WALTER BENJAMIN
AUX ÉDITIONS PAYOT & RIVAGES

L'Œuvre d'art à l'époque de sa reproductibilité technique
Sur le concept d'histoire, suivi de : *Eduard Fuchs, le collectionneur et l'historien*, et de : *Paris, la capitale du XIXe siècle*
Sens unique
Critique de la violence
Expérience et pauvreté, suivi de : *Le Conteur*, et de : *La tâche du traducteur*
Le Surréalisme
Le Capitalisme comme religion
Critique et utopie
Enfance. Éloge de la poupée, et autres essais
Romantisme et critique de la civilisation
Je déballe ma bibliothèque
Dernières lettres
Charles Baudelaire. Un poète lyrique à l'apogée du capitalisme

Walter Benjamin

Le capitalisme comme religion

et autres critiques de l'économie

suivis de

Le caractère fétiche de la marchandise et son secret

(Karl Marx)

Traduit de l'allemand par Frédéric Joly

Préface de Baptiste Mylondo

PETITE BIBLIO
PAYOT

Retrouvez l'ensemble des parutions
des Éditions Payot & Rivages sur

payot-rivages.fr

PRÉFACE

Benjamin, pionnier de la décroissance

par Baptiste Mylondo

« Son érudition était grande, mais il n'était pas un spécialiste ; son travail portait sur des textes et leur interprétation, mais il n'était pas un philologue ; il était très attiré non par la religion mais par la théologie et le modèle théologique d'interprétation pour lequel le texte lui-même est sacré, mais il n'était pas théologien et ne s'intéressait pas particulièrement à la Bible ; il était un écrivain-né, mais sa plus grande ambition était de produire une œuvre consistant entièrement en citations ; il fut le premier Allemand à traduire Proust [...], mais il n'était pas traducteur ; il recensa des livres, mais il n'était pas un critique littéraire ; [...] sans être poète ni philosophe, il pensait poétiquement. »

HANNAH ARENDT[1]

1. Hannah Arendt, *Walter Benjamin, 1892-1940*, traduit de

Anticapitaliste, anarchiste et précurseur de la décroissance[1], tel fut aussi Walter Benjamin. On retrouve chez lui plusieurs thèmes chers aux décroissants : une critique de l'idéologie du progrès, une critique de la marchandise, un éloge du flâneur, figure romantique de la résistance à la pression de l'accélération, à l'impératif de vitesse induit par le capitalisme. Mais c'est sa critique radicale de l'économie, autre point de proximité avec la pensée décroissante, qui va surtout nous intéresser ici, autour de cinq textes rédigés entre 1920 et 1939 : deux écrits théoriques, « Le capitalisme comme religion » et « Fragment théologico-politique » ; une chronique berlinoise, « Panorama impérial » ; et deux critiques littéraires, « Gottfried Keller » et « Sur Scheerbart ».

Un anticapitaliste pessimiste

Benjamin n'approfondira jamais l'étude de la théologie juive à laquelle l'invitait son fidèle ami Gershom Scholem (qui deviendra lui-même un spécialiste reconnu de la mystique juive) ; malgré tout, comme le rappelle Hannah Arendt, la théologie tiendra une place importante dans son œuvre : « Il était très attiré, non par la religion, mais par la

l'anglais par Agnès Oppenheimer-Faure et Patrick Lévy, Paris, Allia, 2007, p. 11-12.

1. Voir Agnès Sinaï, *Walter Benjamin face à la tempête du progrès*, Lyon, Le Passager clandestin, 2016.

théologie[1]. » Dans « Le capitalisme comme religion », c'est d'ailleurs un nouveau monothéisme qu'il met en lumière : le capitalisme, ce culte de l'argent. Le texte, qui date de 1921, est l'ébauche d'un projet qui s'annonçait très ambitieux. Fragmentaire, inachevé, il se conclut sur une succession de notes et références bibliographiques à peine commentées. Quel usage Benjamin en aurait-il fait ? La question reste ouverte.

Lorsqu'il le rédige, il n'a pas trente ans. Il est de retour à Berlin, après avoir passé plusieurs années en Suisse avec sa femme Dora, rencontrée dans le Mouvement de jeunesse et épousée en 1917, et leur fils Stefan Rafael, né en 1919. Toute sa vie, Benjamin aura parcouru l'Europe, échouant par trois fois à quitter le continent pour la Palestine (par amour d'abord, au milieu des années 1920, puis par manque d'argent dans les années 1930) et les États-Unis (stoppé par la police sur la route de l'exil, en 1940). De Berlin, où il est né en 1892, jusqu'à Port-Bou, petite ville sur la frontière franco-espagnole où il se donna la mort en septembre 1940 pour échapper à la Gestapo, en passant par l'Union soviétique, l'Italie, l'Autriche, le Danemark, l'Espagne, la Lettonie, la Finlande, la Suisse, et bien sûr la France, Benjamin connaîtra tour à tour le voyage, l'émigration, l'errance et l'exil. Ses pérégrinations européennes seront guidées par ses rencontres amoureuses, littéraires, artistiques, philosophiques et politiques, mais aussi par la fuite, que

1. Hannah Arendt, *Walter Benjamin*, *op. cit.*, p. 11.

ce soit devant le nazisme, la pauvreté ou ses obligations militaires.

C'est ce dernier motif qui l'avait conduit en Suisse, au cours de la Première Guerre mondiale. Il y a passé beaucoup de temps avec son ami Scholem qui étudiait alors la théologie à l'université de Berne. C'est là qu'il a affiné les réflexions qui nourriront les textes du présent recueil. Le Benjamin du « Capitalisme comme religion » n'a pas encore été initié au marxisme. Cette initiation viendra plus tard, en 1924, sous l'influence d'Asja Lācis, une communiste lettone rencontrée à Capri, et dont Benjamin tombera désespérément amoureux. C'est cet amour, sans doute autant que la curiosité intellectuelle, qui le poussera à la retrouver à Moscou, en 1925, pour découvrir la société soviétique. Dans le même temps, il complétera sa culture marxiste par la lecture d'*Histoire et conscience de classe*, de Georg Lukàcs, paru en 1923. Puis, c'est surtout Brecht qui sera pour lui un point d'attraction marxiste, au grand désarroi de Scholem qui tentera de l'en détourner.

Pour autant, Benjamin demeurera toujours un marxiste atypique. Il n'adhérera jamais au Parti communiste, ni à aucun autre parti d'ailleurs, et ne reviendra pas vraiment convaincu par l'expérience soviétique à l'issue de son séjour moscovite. La société communiste l'impressionne, mais son incidence sur la culture et les intellectuels russes, les libertés individuelles et la vie privée, ne conviennent pas à son style de vie d'intellectuel bourgeois désargenté. Asja Lācis ne s'y était d'ailleurs pas trompée, écrivant dans ses Mémoires qu'à sa première impression Benjamin lui fit l'effet d'un « intellectuel rangé, un de ces nantis[1] ».

Walter Benjamin détestait pourtant la bourgeoisie. Ce sentiment transparaît notamment dans « Gottfried Keller ». Cette critique littéraire est publiée en 1927 dans la revue *Die Literarische Welt*, à l'occasion d'une réédition des œuvres de l'auteur suisse. C'est en France, sur la Riviera, au cours d'un voyage amical avec Dora, que Benjamin rédige cet article. Le texte est magnifique et il en est assez fier. Dans une lettre à Scholem, il lui annonce : « Je me flatte d'avoir pu caser un certain nombre d'idées qui circulent déjà depuis quelque temps dans mes voies cérébrales[2]. »

Keller est un auteur que Benjamin apprécie et dont il a lu les œuvres complètes dès 1917, avec Ernst Bloch[3]. Dès les premières pages, on comprend que Keller et Benjamin ont beaucoup en commun : la mélancolie et un profond désamour pour le travail. Au fil du texte, Benjamin multiplie les piques à l'encontre de la bourgeoisie. Il

1. Asja Lācis, *Profession : révolutionnaire*, Grenoble, Presses universitaires de Grenoble, 1989, p. 72, cité *in* Jean-Michel Palmier, *Walter Benjamin. Le chiffonnier, l'ange et le petit bossu*, Paris, Klincksieck, 2006, p. 206, note 76.

2. Gershom Scholem, *Walter Benjamin. Histoire d'une amitié*, traduit de l'allemand par Paul Kessler, Paris, Calmann-Lévy, 1981, p. 155.

3. Jean-Michel Palmier, *Walter Benjamin*, *op. cit.*, p. 219, note 153.

lui oppose « l'athéisme hédoniste » de Keller, son romantisme, que Michael Löwy interprète comme « une protestation culturelle contre le désenchantement capitaliste du monde, contre la civilisation bourgeoise moderne, au nom de valeurs précapitalistes[1] ».

Espérer le progrès sans y croire

Outre ses interrogations concernant le système communiste et son côté « nanti », Benjamin se démarque du marxisme classique sur un autre point, majeur : sa critique de l'idéologie du progrès. En quelques pages, le mystérieux « Fragment théologico-politique » résume bien sa position sur les perspectives de progrès. Ce court texte, achevé mais inédit du vivant de l'auteur, a vraisemblablement été écrit entre 1920 et 1922, à la même période que « Le capitalisme comme religion ». « Vraisemblablement », car une incertitude demeure concernant sa datation. Ce n'est d'ailleurs pas le seul mystère que le « Fragment » nous réserve. Il y est question de messianisme, d'ordre sacré et d'ordre profane, de nihilisme, et le tout exposé en quelques feuillets énigmatiques.

1. Michael Löwy, « Walter Benjamin et le surréalisme. Les noces chimiques de deux matérialismes », *Anthropology & Materialism* [revue en ligne], 2013 (https://journals.openedition.org/am/123).

Pour tenter de l'élucider, Jean-Michel Palmier, auteur d'une volumineuse biographie de Benjamin, s'inspire des travaux que Scholem a consacrés au messianisme juif[1]. Le « Fragment théologico-politique » s'inscrit en effet dans les longues discussions que les deux amis ont pu avoir lorsqu'ils vivaient en Suisse. Ainsi, la réflexion de Scholem a sans nul doute influencé celle de Benjamin, et elle offre donc une grille de lecture intéressante pour mieux appréhender le messianisme de celui-ci.

Le messianisme de Benjamin ne renvoie pas au règne terrestre d'un messie venant sauver l'humanité, il ne repose pas sur la figure d'un héros rédempteur. De plus, comme l'explique Scholem, la rédemption dans la tradition juive se distingue de son acception chrétienne. En effet, il ne s'agit pas d'une affaire individuelle, privée, invisible, mais bien d'une rédemption collective. « [Le judaïsme] a toujours et partout regardé la rédemption comme un événement public devant se produire au cœur de la communauté juive, bref comme un événement devant arriver de façon visible[2]. » Bien sûr, le propos de Benjamin ne concerne pas la seule communauté juive. Pour celui qui pose un regard très critique sur son époque, le messianisme doit être

1. Jean-Michel Palmier, *Walter Benjamin*, *op. cit.*, p. 164.

2. Gershom Scholem, *Le Messianisme juif*, traduit de l'allemand par Bernard Dupy, Paris, Calmann-Lévy, 1974, p. 23.

compris comme l'unique perspective possible d'un perfectionnement de l'humanité.

Scholem distingue trois courants dans le messianisme juif[1]. Le premier, conservateur, vise à préserver l'existant et à maintenir ce qui se trouve menacé. Ce n'est assurément pas l'approche choisie par Benjamin. Le deuxième courant vise une restauration, « le retour et la résurrection d'une situation révolue » perçue comme idéale. Enfin, le troisième courant est le courant utopique, « orienté vers un renouveau ».

Pour Scholem, ces deux derniers courants sont en réalité toujours mêlés, et finalement, on les retrouve tous deux chez Benjamin, « nostalgique du passé qui rêve de l'avenir[2] ». Sa référence explicite à *L'Esprit de l'utopie*, de son ami Ernst Bloch (paru en 1918 et dont Benjamin fut l'un des premiers lecteurs), avec qui il partageait un vif intérêt pour les mouvements utopistes anarchistes[3], permet de ranger Benjamin dans le courant utopique. Mais sa fascination pour *Angelus novus*, aquarelle de Paul Klee représentant l'ange de l'histoire tourné vers le passé, pourrait aussi le faire pencher vers des visées de restauration.

1. *Ibid.*, p. 25-26.

2. Michael Löwy, « Temps messianique et historicité révolutionnaire chez Walter Benjamin », *Vingtième Siècle. Revue d'histoire*, vol. 117, n° 1, 2013, p. 106.

3. Sur les accords et points de divergence entre Benjamin et Ernst Bloch, voir notamment Arno Münster, « Ernst Bloch et Walter Benjamin : éléments d'analyse d'une amitié difficile », *L'Homme et la Société*, nos 69-70, 1983, p. 55-77.

Ce qu'il faut noter, aussi, dans ce « Fragment théologico-politique », c'est le pessimisme dont il témoigne. Premièrement, réfutant l'idéologie du progrès qui postule une amélioration continue du sort de l'humanité, Benjamin affirme qu'il n'y a pas de sens de l'histoire. Il critique la vision naïve et linéaire de l'histoire qui y voit un enchaînement nécessaire d'événements dirigés vers un but. Non, l'histoire est en réalité faite de discontinuités, de ruptures, et le progrès n'est pas garanti. Deuxièmement, le progrès apparaît comme un but hors de portée de toute initiative politique, humaine, profane. Dès lors, aucune tentative révolutionnaire ne peut se donner pour but la réalisation d'un paradis terrestre. Enfin, le perfectionnement de l'humanité est même contraire à notre expérience quotidienne qui nous pousse simplement à rechercher le bonheur. Or cette quête de bonheur personnel qui nous anime nous plonge en réalité dans un état de catastrophe permanente.

Au cœur de cette vision pessimiste, Benjamin ménage toutefois une issue étroite, incertaine et qu'on ne peut maîtriser : dans l'ordre profane, la quête de bonheur pourrait malgré tout « favoriser l'avènement du royaume messianique ». On devine ici que le messianisme séculier de Benjamin, qui ne cache pas son attrait pour les utopies socialistes, pointe vers une révolution. Le nihilisme qu'il mentionne en conclusion de son texte est un anarchisme[1]. Mais une révolution ne se décrète pas, ne

1. Michael Löwy, « Walter Benjamin, marxiste libertaire »,

s'organise pas, ne se déclenche pas, elle ne pourrait que survenir, fruit d'une énième rupture historique. On ne peut donc que l'attendre, l'espérer, sans jamais trop y croire.

Bien sûr, il ne s'agit là que d'une des nombreuses lectures possibles de ce texte aussi riche qu'ésotérique. En prenant un peu de recul, on s'aperçoit que ce fragment aborde des questions qui traversent toute l'œuvre de Benjamin. En effet, ces réflexions sont déjà en germe dans ses premiers écrits, et notamment dans son texte intitulé « La vie des étudiants », paru en 1915, et qui s'ouvrait déjà sur la dénonciation d'une « certaine conception de l'histoire [qui] distingue seulement le rythme plus ou moins rapide selon lequel les hommes et les époques avancent sur la voie du progrès[1] ». Elles annoncent aussi le développement futur de ses *Thèses sur le concept d'histoire*, ultime écrit de l'auteur, rédigé à Paris en 1940, peu avant sa mort.

Pauvre dans la misère allemande

Une société allemande en ruine et ravagée par l'inflation : tel est « Panorama impérial ». Écrit en

---

Contretemps, 14 mai 2018, article en ligne : https://www.contretemps.eu/walter-benjamin-marxiste-libertaire/

1. Walter Benjamin, « La vie des étudiants », in *Œuvres I*, traduit de l'allemand par Maurice de Gandillac, révisé par Rainer Rochlitz et Pierre Rusch, Paris, Gallimard, coll. « Folio », 2000, p. 125.

1923 et publié en 1928 dans *Sens unique*[1], ce texte illustre bien la critique de l'idéologie du progrès portée par Benjamin. Au début des années 1920, des difficultés financières l'obligent à revenir vivre chez ses parents, avec son fils et sa femme d'abord, puis seul, après que son couple s'est lentement décomposé. Il assiste alors à l'effondrement irrésistible de la République de Weimar, plongée dans une terrible crise économique.

Du reste, « crise » n'est sans doute pas le bon terme pour qualifier la situation. En effet, une crise renvoie à un épisode passager, une brève et soudaine inversion de tendance. Or, ce n'est pas du tout ce que connaît l'Allemagne à l'époque, et Benjamin, lucide, ne manque pas de relever la « sottise » de cette phrase répétée tel un mantra : « Ça ne peut pas continuer comme ça… » Bien sûr que ça peut continuer comme ça, et longtemps encore, car il ne s'agit pas d'un épisode passager, mais bien d'une situation stable[2]. Benjamin le répète encore : aucun progrès n'est jamais garanti, et « il n'y a

1. Walter Benjamin, *Sens unique* (1928), traduit de l'allemand et préfacé par Frédéric Joly, Paris, Payot, coll. « Petite Bibliothèque Payot », 2013, p. 73-85.

2. Le parallèle avec les multiples « crises » que nous connaissons aujourd'hui est désespérant. Nous aussi entendons sans cesse des « ça ne peut pas continuer comme ça ». Peut-être sont-ils un peu plus volontaires, un peu moins plaintifs et naïfs, cris d'alarme plus que d'espoir… Mais dans la mesure où ils ne sont jamais suivis d'effets, ils témoignent en fin de compte du même refus de croire à la catastrophe annoncée, à l'effondrement à venir.

qu'une limite au-delà de laquelle on ne peut pas aller : l'anéantissement ».

Benjamin a toujours eu un rapport contrarié à l'argent. Imprévoyant, incapable de dominer sa passion du jeu[1], et achetant des livres sans compter, il n'eut jamais le train de vie auquel il aspirait. Après une enfance passée dans une famille juive de la bourgeoisie berlinoise (son père est banquier et antiquaire), il ne connaîtra en effet qu'une détresse économique permanente.

Longtemps il n'a d'autres revenus que la modeste rente que lui verse son père. Il peine à tirer un revenu suffisant pour subvenir aux besoins de sa famille ou même vivre décemment lui-même. Contraint, après avoir échoué plusieurs fois à soutenir sa thèse d'habilitation, de renoncer à une carrière universitaire, il dépend longtemps du soutien de ses parents, de ceux de Dora, et des maigres émoluments tirés de ses publications (surtout des critiques littéraires) dans des revues et journaux. Plus tard, alors que son père, confronté à des difficultés économiques, ne peut prolonger son aide financière, c'est l'Institut pour la recherche sociale d'Adorno et Horkheimer, exilés aux États-Unis, qui lui assurera l'essentiel de son faible revenu, lui permettant de vivre malgré une extrême précarité qui, si l'on en croit sa correspondance avec Scholem, lui était difficilement supportable.

1. Scholem parle d'une « passion du jeu qui, de temps en temps, s'emparait de lui » (Gershom Scholem, *Walter Benjamin*, *op. cit.*, p. 148).

Pourtant, Benjamin n'a jamais fait grand-chose pour sortir réellement de cette situation financière délicate. Son père lui trouve un emploi dans une banque ? Il décline la proposition. Scholem lui obtient une promesse de poste à l'université de Jérusalem ? Il n'honore pas ses engagements, dilapidant au passage la subvention que l'université lui avait versée pour qu'il apprenne l'hébreu avant sa prise de poste (Scholem semble même craindre qu'il ait tout perdu au jeu[1]). Même ses échecs répétés à soutenir sa thèse d'habilitation peuvent conduire à douter de sa réelle volonté d'intégrer l'université. D'après Hannah Arendt, ce projet de thèse était surtout un prétexte pour continuer de percevoir sa rente familiale, de justifier son versement. Benjamin jugeait d'ailleurs « inqualifiable » que, à trente ans passés, ses parents osent lui demander de « travailler pour gagner sa vie[2] ».

En définitive, s'il se plaint fréquemment de la précarité de sa situation, de son statut d'intellectuel prolétaire, de sa lassitude face à des conditions matérielles déplorables[3], il ne se résout jamais à se

1. Voir Gershom Scholem, *Walter Benjamin*, *op. cit.*, p. 186 ; et Stéphane Mosès, « Walter Benjamin-Gershom Scholem. Histoire d'une correspondance », *in* Walter Benjamin et Gershom Scholem, *Théologie et utopie. Correspondance, 1933-1940*, traduit de l'allemand par Didier Renault et Pierre Rusch, Paris, L'Éclat, 2010, p. 307.

2. Hannah Arendt, *Walter Benjamin*, *op. cit.*, p. 57-58.

3. Sujet à des passages dépressifs, Benjamin faisait part, dans ses lettres à Scholem, de ses difficultés financières. Après que son père a cessé de lui verser sa rente, et avant de

mettre en quête d'un véritable gagne-pain. Lorsque sa situation économique l'exige, il préfère séjourner chez des amis, chez Dora, dans une cohabitation amicale, chez sa sœur, chez Brecht à Copenhague, ou à Riga, chez Asja Lācis et son mari malade, dans un curieux ménage à trois.

Mais au début des années 1920, Benjamin se retrouve bloqué à Berlin faute de ressources suffisantes pour pouvoir quitter le pays. Là, contempler la misère « nue » d'une part de la population lui semble insoutenable. « Impossible de vivre dans une grande ville allemande dans laquelle la faim pousse les plus démunis à vivre des billets dont les passants cherchent à couvrir une nudité qui les meurtrit. » De plus, la situation économique occupe tous les esprits, transforme les comportements, et surtout elle mine la société. « Les gens n'ont à l'esprit [...] que l'intérêt privé le plus borné, mais sont en même temps plus que jamais déterminés dans leur comportement par les instincts de masse. Et plus que jamais, les instincts de masse s'égarent et sont devenus étrangers à la vie. » L'argent corrompt les relations sociales, il « se trouve, de manière hégémonique, au centre de tous les intérêts vitaux [...], et il constitue la frontière où s'arrête presque toute relation humaine ». Qu'y a-t-il de pire que le culte de l'argent dans une société miséreuse ?

---

bénéficier du soutien de l'Institut pour la recherche sociale, en 1934, il confiait même à son ami, en un appel à l'aide, ne pas savoir s'il aurait la force de vivre longtemps ainsi.

Dans la vie quotidienne, toutes les discussions tournent autour de l'économie, de l'argent, des prix, des coûts, « comme si on était prisonnier dans un théâtre et qu'il faille suivre la pièce jouée sur scène, qu'on le veuille ou non, et faire de celle-ci, qu'on le veuille ou non, l'objet perpétuel de ses pensées et de ses paroles ». L'appauvrissement n'est donc pas qu'économique, et ce drame, qui culminera dans l'effondrement moral du peuple allemand, ne semble offrir aucune issue. « Il n'y a rien à espérer, écrit Benjamin, aussi longtemps que le plus effroyable et le plus sombre des destins, dont tous les jours [...] on discute dans la presse, et qu'on explique avec toutes ses fausses raisons et ses fausses conséquences, n'aide personne à connaître les forces obscures dont sa vie a été l'esclave. »

Sans doute peut-on voir ici une allusion à ce culte de l'argent qui dirige nos vies, et que Benjamin a commencé à dépeindre dans « Le capitalisme comme religion ». Revenons-y donc.

Capitalisme et religion

Que nous dit Benjamin, lui qui craint, dès les premières lignes, de relancer « une polémique universelle démesurée » ? Que le capitalisme n'est pas uniquement un système économique caractérisé par la dynamique d'accumulation du capital, mais qu'il s'agit d'un véritable culte, une religion. En 1905, Max Weber, qu'il a lu et rencontré, avait déjà établi un lien entre capitalisme et religion. Dans son célèbre essai sur « l'esprit du capitalisme », le sociologue allemand avait bien mis en lumière le fait que l'émergence du capitalisme était en partie liée avec le développement de l'éthique protestante, la promotion de l'ardeur au travail comme signe de prédestination, et du dur labeur comme seule chance de salut[1]. Pour Weber, c'est la défense de cette société laborieuse, ascétique, qui a rendu possible la mise au travail généralisée de l'Occident.

Walter Benjamin ne remet pas en cause l'intérêt de l'analyse weberienne, mais il s'en démarque doublement. Premièrement, son approche n'est pas descriptive, comme celle de Weber, mais résolument critique, anticapitaliste. Deuxièmement, il entreprend de pousser plus avant l'analyse, jusqu'à inverser les propositions : certes, le capitalisme a pu s'appuyer sur la religion à ses débuts, mais il s'en est affranchi depuis, au point d'être lui-même devenu une religion à part entière, bien plus exigeante encore que l'éthique protestante !

Benjamin relève trois caractéristiques spécifiques de cette nouvelle religion. D'abord, il s'agit peut-être de « la religion la plus extrêmement cultuelle qu'il y ait jamais eu ». Ensuite, la religion capitaliste n'est pas expiatoire, mais culpabilisante. Enfin, ce culte est permanent. « Il n'y existe pas, nous dit-il, de jours ordinaires, pas de jour qui ne

1. Max Weber, *L'Éthique protestante et l'Esprit du capitalisme*, traduit de l'allemand par Jacques Chavy, Paris, Plon, 1964.

soit jour de fête, dans le sens terrible du déploiement de la pompe sacrée. »

Le diagnostic dressé en 1921 est, point par point, encore plus frappant aujourd'hui. Lieux de culte, symboles de la modernité avec leurs toitures de métal et de verre, les passages parisiens ne faisaient que préfigurer nos galeries marchandes, temples de la consommation, havre du shopping garantissant un cadre accueillant pour pratiquer lèche-vitrine, emplettes et achats compulsifs, au sec, dans une atmosphère toujours tempérée. Le caractère culpabilisant de la religion capitaliste est lui aussi toujours présent. Les mauvais producteurs et les chômeurs sont pointés du doigt, les mauvais consommateurs et les pauvres aussi. La mode, par exemple, revêt une dimension stigmatisante pour celles et ceux qui ne peuvent la suivre, tandis que la publicité signale sans cesse nos manques, suscitant une éternelle frustration et un sentiment de désespoir. « Ce que le capitalisme a d'historiquement inouï, nous dit Benjamin, tient à ce que la religion est non plus réforme mais ruine de l'être. » Et en cherchant notre salut dans l'avoir, nous sommes bel et bien condamnés à ce désespoir.

Reste le caractère permanent du culte. Ce point est sans doute le plus saisissant aujourd'hui. En effet, les conquêtes sociales du XXe siècle auraient pu, auraient dû même, remettre en cause l'actualité de l'argument de Benjamin, en nous accordant un peu de répit, un droit au repos. Mais il n'en est rien. Week-ends, congés et RTT ne sont que des conquêtes en trompe-l'œil, trop vite cédées à la sphère marchande. Le samedi est le jour des courses, tandis que le repos dominical est de plus en plus remis en cause. Dimanche devient peu à peu « manchedi », pour reprendre la formule de Jean-Claude Michéa, un jour comme les autres où l'on peut travailler et consommer. Quant aux vacances, elles sont consacrées au tourisme et à sa frénésie marchande qui pousse, en quelques semaines, à dépenser l'épargne d'une année, simplement pour décompresser et trouver la force de retourner travailler.

L'économie comme religion

Le caractère religieux que Walter Benjamin attribue au capitalisme n'est-il pas plus généralement le propre de l'économie ? C'est la thèse défendue par Serge Latouche, économiste décroissant, qui démontre comment notre imaginaire est aujourd'hui colonisé par l'économie. Si Benjamin compare les illustrations présentes sur les billets de banque aux représentations saintes dans les diverses religions, Latouche trouve, lui, des indices de ce nouveau culte voué à l'économie dans l'urbanisme et l'architecture des grandes villes. Églises et cathédrales, qui dominaient jadis les cités, ont été supplantées par les sièges des grandes banques, les quartiers d'affaires et autres centres commerciaux. Ce sont eux désormais qui se détachent des *skylines* des villes. « C'est très révélateur », écrit ainsi Latouche, qui conclut :

« Notre religion, à l'heure actuelle, c'est l'économie[1]. »

On peut le constater dans la définition même de l'économie : « L'économie est la science qui étudie le comportement humain en tant que relation entre les fins et les moyens rares dont on peut faire des usages concurrents. » Formulée par l'Américain Lionel Robbins en 1932, cette définition, qui fait aujourd'hui consensus parmi les économistes, repose en réalité sur deux croyances contestables : l'existence d'une rareté originelle à laquelle l'humanité devrait faire face d'une part, l'existence d'une nature humaine, qui définirait donc le comportement humain, d'autre part.

La première croyance donne aux économistes leur objectif : vaincre la rareté, c'est-à-dire atteindre l'abondance, la satiété de consommation, grâce à la croissance de la production. La seconde croyance apporte quant à elle une hypothèse de travail. En effet, une fois la nature humaine mise au jour, il devient possible de définir le meilleur système économique, le plus efficace, celui permettant l'allocation optimale des ressources et la maximisation de la production.

1. Serge Latouche, « L'économie comme religion », *in* Serge Latouche et Anselm Jappe, *Pour en finir avec l'économie. Décroissance et critique de la valeur*, Paris, Libre & Solidaire, 2015, p. 35. Voir aussi Gilbert Rist, *L'Économie ordinaire, entre songe et mensonge*, Paris, Presses de Sciences-Po, 2010.

La pénurie dans l'opulence

L'existence d'une rareté originelle est une croyance profondément ancrée dans notre imaginaire. L'histoire de l'humanité est souvent conçue comme une longue marche vers l'abondance, et la persistance de la misère à travers le monde et jusque dans nos pays riches semble bien prouver que cette abondance n'est toujours pas atteinte. Pourtant, à la lumière de certains travaux anthropologiques, ce postulat mérite d'être questionné.

C'est ce que fait l'anthropologue américain Marshall Sahlins dans *Âge de pierre, âge d'abondance*[1]. Selon lui, l'abondance n'est pas à venir, nous l'avons plutôt perdue. C'est en fait à l'âge de pierre que l'humanité l'a vraiment connue. L'affirmation a de quoi surprendre quand on se figure l'état de dénuement dans lequel pouvaient vivre nos ancêtres de Cro-Magnon.

Pour étayer son propos, Sahlins s'appuie sur les études ethnographiques de McCarthy et McArthur consacrées aux aborigènes de la Terre d'Arnhem, en Australie, mais aussi sur les écrits de Richard Lee, sur les Bochimans d'Afrique australe. Chaque fois est souligné le peu de temps consacré au « travail » dans ces différentes sociétés. Les aborigènes passent environ quatre à cinq heures par jour à collecter leur nourriture et à préparer

1. Marshall Sahlins, *Âge de pierre, âge d'abondance. L'économie des sociétés primitives*, traduit de l'anglais par Tina Jolas, Paris, Gallimard, 1976.

leurs repas. Le reste de la journée est dédié au repos, au sommeil, aux discussions et commérages. Chez les Bochimans, même constat. Certes, la journée de « travail » dure environ six heures, mais la semaine de « travail », elle, ne compte qu'un jour et demi à trois jours... La moyenne quotidienne tombe ainsi à un peu plus de deux heures, sans compter toutefois le temps de préparation des repas.

L'anthropologue Pierre Clastres rapporte les mêmes observations chez les Tupi Guarani[1]. Dans cette société d'agriculture modérée, les hommes travaillent environ deux mois tous les quatre ans, dans des jardins collectifs. Dernier exemple, les Yanomami observés au Venezuela par Jacques Lizot[2]. Là-bas, les hommes travaillent un peu moins de trois heures par jour, et les femmes tout juste deux heures.

Dès lors, pourquoi, si elles sont confrontées à un impérieux sentiment de rareté et de manque, ces sociétés n'ont-elles pas fait le choix de consacrer plus de temps à se préoccuper de leur subsistance ? On imagine sans peine qu'une semaine de travail classique, 9h-17h, cinq jours sur sept, aurait assurément permis d'améliorer leur quotidien. Mais, comme le note le sociologue Alain Caillé à la suite de Sahlins, ces sociétés, loin de vivre

1. Pierre Clastres, *La Société contre l'État*, Paris, Minuit, 1974.

2. Jacques Lizot, *Les Yanomami centraux*, Paris, Éditions de l'EHESS, 1984.

dans le manque, ont en réalité fait le choix de l'abondance[1].

Il ne s'agit pas de dire que les membres de ces sociétés jouiraient d'un confort matériel supérieur au nôtre. Pas question non plus de dépeindre un tableau trop rose de leurs conditions de vie. Ces sociétés peuvent être confrontées à des périodes de pénurie alimentaire, et elles s'imposent parfois un strict contrôle démographique allant jusqu'à l'infanticide et la mise à mort des vieillards[2]. Mais si l'on peut parler de choix, c'est parce que ces contraintes sont acceptées dans une logique d'abondance, et que ces sociétés décident volontairement de ne pas s'organiser pour y faire face. Les pénuries, par exemple, sont simplement vécues comme une nécessité cyclique, et un moindre mal[3], nous dit Alain Caillé. De la même manière, le respect des contraintes démographiques naît du souci constant de ne pas « manger la forêt », c'est-à-dire de ne pas épuiser les écosystèmes et de ne pas atteindre la zone des rendements décroissants. Plus important encore, le choix de l'abondance se caractérise par un refus de l'accumulation et, dans une certaine mesure, de la richesse.

---

1. Alain Caillé, « La rareté reconsidérée », *Revue du MAUSS*, n° 18, 2001, p. 119-125.

2. Pour autant, Alain Caillé note que ces pratiques, sans doute généralisées, restaient rares et ne doivent pas être surestimées (*ibid.*, p. 122).

3. Moindre mal en effet, car ils estiment qu'y remédier détruirait leur société et réduirait leur confort qui leur permet de consacrer si peu de temps aux activités contraintes.

Tout cela conduit à s'interroger sur le caractère nécessairement relatif de la rareté. Ce que pointe Lionel Robbins dans sa définition de l'économie, c'est la rareté des moyens limités dont nous disposons par rapport à l'illimitation des besoins que nous désirons assouvir (et auxquels nous souhaitons apporter des réponses économiques).

De ce point de vue, la rareté est une évidence, et l'on peut même affirmer qu'elle ne sera jamais vaincue, car celui qui veut toujours plus est condamné à n'avoir jamais assez, à n'être jamais rassasié. La croissance est alors la seule issue pour tenter d'apaiser un temps notre frustration permanente. Mais ce n'est pas ce choix qu'ont fait les Yanomami, les Tupi-Guarani ou les Bochimans du Kalahari. Eux ont préféré limiter leurs besoins plutôt que d'augmenter leur production. « *Want not, lack not* », écrit Sahlins[1] : ce qu'on ne désire pas ne manque pas.

Pour nous en convaincre, Alain Caillé donne un autre exemple éclairant, celui des Siane de Nouvelle-Guinée. L'anthropologue Richard Salisbury rapporte en effet que, comme les Blancs ont introduit la hache en acier, bien plus efficace que les haches de pierre qu'ils utilisaient auparavant, les Siane ont vu leur productivité fortement augmenter. Ces gains de productivité leur auraient donc permis d'accroître leur production sans rien changer à leur temps de travail. Mais pourquoi produire davantage

1. Marshall Sahlins, *Âge de pierre, âge d'abondance*, *op. cit.*, p. 59.

quand on estime avoir assez ? Les gains de productivité furent donc utilisés, non pas pour augmenter la production, mais pour gagner en temps de loisir et de fête[1].

À rebours de nos croyances économiques, la quête d'abondance n'impliquerait donc pas la poursuite d'une richesse indéfinie mais, au contraire, la reconnaissance de limites strictes à cette soif de richesse et l'abandon de l'objectif d'accumulation. Et c'est tout le problème de notre credo économique : paradoxalement, alors qu'elle se donne pour mission de vaincre la rareté, l'économie construit l'imaginaire du manque, et c'est précisément cet imaginaire qui nous empêche de vivre dans l'abondance.

Pire, en induisant un impératif de croissance, la lutte contre cette rareté imaginaire finit par générer une véritable rareté ! Air pur, eau potable, minerais, pétrole, terres arables, espèces végétales et animales deviennent de plus en plus rares du fait de notre activité économique. « Une société qui, poussée par le besoin ou l'avidité, arrache les fruits avant qu'ils ne soient mûrs pour les vendre à bas prix sur le marché ou qui a besoin de vider tous les plats pour se sentir repue, verra la terre s'appauvrir et devenir stérile », écrit Walter Benjamin en conclusion du « Panorama impérial ». Le contexte n'est plus le même, mais l'affirmation demeure vraie.

De même, sur le plan social, le temps lui aussi vient à manquer, l'altruisme est moins présent,

1. Alain Caillé, « La rareté reconsidérée », art. cité, p. 123.

conséquences logiques, selon Fred Hirsch et Staffan Linder, de notre quête d'opulence[1]. À propos de la religion capitaliste, Benjamin note qu'elle tente de répondre à des problèmes qu'elle-même génère. Il en va de même de la religion de l'économie.

Portrait d'un fidèle : l'homo œconomicus

À présent, passons au second postulat de l'économie : l'existence d'une nature humaine. Il s'agit, nous dit Serge Latouche, du niveau anthropologique de l'idéologie économique. C'est « la croyance suivant laquelle l'homme a une nature et que cette nature est "naturelle"[2] ». En outre, cette nature est caractérisée par l'hédonisme et l'individualisme.

Sur ce point aussi, nous pouvons nous tourner vers Marshall Sahlins. Dans *La Nature humaine, une illusion occidentale*, il conteste en effet l'existence d'une « disposition innée de l'homme à rechercher son intérêt personnel dans un milieu compétitif », « idée soutenue par les "sciences économiques" qui considèrent que les individus ne

1. Voir Fred Hirsch, *Les Limites sociales de la croissance*, traduit de l'anglais par Baptiste Mylondo, Paris, Les Petits Matins, 2016, qui revient sur l'impact délétère de la dynamique de croissance induite par la « compétition positionnelle » (la lutte de chacun contre tous pour le standing et l'accès aux biens positionnels) en prolongeant les réflexions de l'économiste Staffan Linder (*The Harried Leisure Class*, 1970).

2. Serge Latouche, *L'Invention de l'économie*, Paris, Albin Michel, 2005, p. 33.

cherchent qu'à assouvir leurs désirs par un "choix rationnel"[1] ».

L'*homo œconomicus*, cette figure théorique supposée incarner notre prétendue nature humaine, hante la littérature économique depuis le XIXe siècle. C'est un individu rationnel, calculateur, cherchant à maximiser son utilité en répondant au mieux à des besoins illimités. Individualiste, il est sans histoire, sans attache, sans appartenance sociale, de classe ou familiale. Il ne se soucie pas des autres pour déterminer ses propres préférences et ne poursuit que son intérêt propre. Tout cela, bien sûr, n'est qu'une fable, et l'on peut raisonnablement s'inquiéter de ce qu'il adviendrait de notre monde s'il était uniquement peuplé de ces « idiots rationnels », ces « demeurés sociaux » décrits par la théorie économique, pour reprendre les formules du philosophe Amartya Sen[2].

Fort heureusement, nous n'avons encore que peu à voir avec l'*homo œconomicus*. Pour commencer, nous ne sommes pas toujours rationnels. La chose est connue, y compris des économistes, depuis plusieurs décennies au moins. L'économiste Herbert Simon a amendé le modèle en y intégrant le fait que nous ne sommes pas omniscients, et que

1. Marshall Sahlins, *La Nature humaine, une illusion occidentale*, traduit de l'anglais par Olivier Renault, Paris, L'Éclat, 2009, p. 8.

2. Amartya Sen, « Rational Fools : A Critique of the Behavioral Foundations of Economic Theory », *Philosophy & Public Affairs*, vol. 6, nº 4, 1977, p. 317-344.

notre rationalité est ainsi limitée par notre manque d'information. Dès lors, au lieu de toujours rechercher la meilleure option, nous nous contentons souvent de la première option qui nous paraît satisfaisante.

En plus de ne pas être omniscients, nous sommes aussi fréquemment victimes de nombreux biais cognitifs. C'est notamment ce qu'ont révélé, dans les années 1970, les travaux de Daniel Kahneman et Amos Tversky[1], qui pointent les effets de cadrage (les choix que nous faisons dépendent beaucoup de la manière dont les problèmes nous sont posés). Enfin, si nous pouvons sans doute nous montrer froids et calculateurs, il nous arrive aussi d'être passionnés, de nous laisser guider, voire emporter, par nos émotions.

Autre trait de caractère qui nous distingue de l'*homo œconomicus*, nous ne sommes pas uniquement mus par notre intérêt personnel. En effet, parmi les moteurs de l'action humaine, il faut composer avec la passion, mais également avec le sentiment d'obligation, qui fait passer l'éthique avant tout calcul d'utilité.

Bien sûr, il est possible d'expliquer tous les comportements humains par un calcul coût-avantage, et de nombreux économistes, pris au jeu, ont abusé de l'exercice. Gary Becker s'est par exemple efforcé d'expliquer, sous l'angle de l'intérêt, les relations

---

1. Daniel Kahneman et Amos Tversky, « Prospect Theory : An Analysis on Decision under Risk », *Econometrica*, vol. 47, n° 2, 1979, p. 263-291.

familiales, le choix de se marier et de faire des enfants, ou encore celui de respecter la loi ou de tomber dans la criminalité. Toutefois, comme le démontre Stephen Marglin, adopter cette grille de lecture pour tous nos comportements n'est tout simplement pas crédible[1]. En clair, plus que le fruit d'une subtile évaluation des risques encourus et des gains escomptés, le choix de ne pas enfreindre la loi résulte plus probablement d'une logique d'obligation, d'un devoir, d'un simple « ça ne se fait pas ! » qui fait passer l'éthique avant l'intérêt. On peut aussi chercher à l'expliquer par l'intérêt, mais ce ne serait vraiment rien y comprendre.

En outre, il semble que, contrairement à une idée répandue et entretenue par le discours économique, nous ne soyons pas égoïstes « par nature ». S'appuyant sur diverses expériences en théorie des jeux, mais aussi sur des travaux anthropologiques, les économistes Samuel Bowles et Herbert Gintis apportent en effet la preuve que nous avons un penchant pour la coopération[2]. Non seulement nous avons intérêt à coopérer pour survivre, mais nous pouvons même aller à l'encontre de notre intérêt personnel pour coopérer !

---

1. Stephen Marglin, *L'Économie : une idéologie qui ruine la société*, traduit de l'anglais par Baptiste Mylondo, Bellecombe-en-Bauges, Le Croquant, 2013, p. 105.

2. Voir Samuel Bowles et Herbert Gintis, *A Cooperative Species. Human Reciprocity and its Evolution*, Princeton, Princeton University Press, 2011.

Ce penchant pour la coopération ne tient évidemment pas à une hypothétique nature humaine, mais plutôt à notre environnement social. Tirant lui aussi les leçons d'expériences en théorie des jeux, l'anthropologue Jacques Godbout le dit très clairement : « Dans un contexte égoïste, l'individu tend à adopter une attitude égoïste, mais, dans un contexte généreux, il aura tendance à adopter une attitude généreuse[1]. »

On saisit alors un autre point qui nous sépare de l'*homo œconomicus* et de son individualisme : nous sommes des animaux sociaux. Autrement dit, non seulement nos relations sociales contribuent à façonner nos goûts, nos préférences et nos choix, mais en plus, nous ne sommes pas des individus isolés qui auraient fait le choix, par intérêt, de vivre en société. Les robinsonnades chères aux économistes ne sont là aussi que fables, et à la suite du philosophe François Flahaut, il convient de rappeler que c'est bien la société qui précède l'individu, et non l'inverse[2].

1. Jacques Godbout, *Ce qui circule entre nous. Donner, recevoir, rendre*, Paris, Seuil, 2007, p. 271.

2. Voir François Flahaut, *Le Paradoxe de Robinson*, Paris, Mille et une nuits, 2005, et *Le Sentiment d'exister*, Paris, Descartes & Cie, 2002.

L'économie comme injonction

L'*homo œconomicus* est donc bien une fable. Toutefois, et c'est là que la dimension religieuse du discours économique apparaît nettement, il s'agit d'une fable parfaitement assumée ! Avec elle, l'économie revêt alors une dimension prescriptive, dogmatique.

Comme le note le sociologue Thomas Angeletti, l'économie est une véritable *discipline*, au premier sens du terme[1]. Dans un catéchisme sans cesse martelé, elle nous inculque les bons usages pour que nous sachions tous, en toute rationalité, gérer notre budget, planifier nos dépenses, produire, consommer, investir, épargner. Kenneth Arrow, économiste, le reconnaissait d'ailleurs sans détour : « Un économiste, disait-il, est, de par sa formation, amené à se considérer comme le gardien de la rationalité, comme le juge de la rationalité d'autrui, comme le prescripteur de la rationalité du monde social[2]. » Tout est dit ! L'économie fonctionnerait bien mieux si nous étions des *homo œconomicus*, ne reste plus alors qu'à nous discipliner…

Deux points, toutefois, doivent nous interpeller. Premièrement, la dimension purement idéologique

---

1. Thomas Angeletti, « Dire l'économie. Les journées de l'économie comme instance de confirmation », *Sociologie*, 2011, p. 117.

2. Cité *in* Nicolas Brisset, « D'une convention à une autre : quand la rationalité performe le réel », *Revue de philosophie économique*, vol. 15, 2014, p. 70.

du discours économique, qui conduit, comme le montre bien Maurice Godelier[1], à déduire la pertinence d'un système économique donné, en s'appuyant sur l'idée d'une nature humaine rationnelle, pour ensuite faire l'apologie dudit système. Autrement dit, partant d'une hypothèse erronée quant à notre rationalité, on promeut un système idéal qui, pour fonctionner, implique que les acteurs deviennent rationnels. Et puisque le système proposé est présenté comme idéal, la transformation sociale nécessaire à sa concrétisation s'en trouve pleinement justifiée.

On touche clairement au religieux, mais une religion aux valeurs biens particulières, et c'est justement le second point qu'il convient de relever : l'économie transforme les vices en vertus. L'économie politique vise à composer avec notre supposée nature égoïste, pour échafauder l'organisation économique et sociale la plus efficace (c'est-à-dire la plus productive). Mais en quelques siècles, cette entreprise s'est tout simplement transformée en une apologie de l'égoïsme.

De Hobbes à Mandeville, puis de Mandeville à Smith, le vice de l'égoïsme est devenu vertu[2]. Pour Hobbes, l'égoïsme est ce vice qui fait de l'homme un loup pour l'homme, mais il est aussi ce qui peut le pousser à accepter un contrat social contraignant,

1. Maurice Godelier, *Rationalité et irrationalité en économie*, t. 1, Paris, François Maspero, 1971, p. 23.

2. Stephen Marglin, *L'Économie : une idéologie qui ruine la société*, *op. cit.*, p. 145-155.

susceptible de le protéger de ses semblables. Bernard Mandeville, auteur en 1714 de la célèbre *Fable des abeilles*, fait un pas supplémentaire en affirmant que les vices individuels (l'égoïsme, mais aussi l'envie, la vanité, etc.) sont les conditions de la prospérité des sociétés, les gages d'un commerce florissant et d'une économie dynamique. L'égoïsme présente donc déjà un intérêt, mais avec Adam Smith il cesse même d'être un vice : « Se soucier de son propre bonheur et de son intérêt, écrit-il, apparaît dans nombre d'occasions être un principe d'action louable[1]. » Comme le résume Marglin, « de dégénérés moraux, les individus ne s'intéressant qu'à eux sont devenus des bienfaiteurs publics, voire des parangons de vertu[2] ».

L'économie enjoint donc ses fidèles à embrasser pleinement leur penchant égoïste pour pouvoir devenir des agents vertueux… Et le problème, c'est que ce catéchisme semble plutôt bien fonctionner. Il y a vingt-cinq ans, l'économiste Robert Frank et les deux psychologues Thomas Gilovich et Dennis Regan ont observé qu'une trop longue exposition aux théories économiques nous rapprochait dangereusement de l'*homo œconomicus* : les étudiants en économie, montraient-ils, avaient tendance à se

1. Adam Smith, *Théorie des sentiments moraux*, Paris, Presses universitaires de France, 2010, p. 406, cité in *ibid.*, p. 154.

2. Stephen Marglin, *L'Économie : une idéologie qui ruine la société*, *op. cit.*, p. 145.

montrer plus égoïstes, plus rationnels, moins coopératifs, moins soucieux des autres[1].

Désormais, c'est la société tout entière qui baigne dans ce discours qui transforme peu à peu *sapiens* en *œconomicus*. C'est le fruit de plus de trois siècles de transformation sociale et d'un discours économique aux prêches de plus en plus insistants, venant progressivement à bout de nos ultimes résistances. Pessimiste, le philosophe Michel Callon pointe le caractère performatif du discours économique : « Oui, l'*homo œconomicus* existe, mais il n'est pas une réalité anhistorique, il ne décrit pas la nature cachée de l'homme. Il est le résultat d'un processus de configuration. »

Fétichisme de la marchandise et culte de l'argent

À l'image de la fable de la rareté et de la nature humaine, on ne compte plus les boniments, mythes et cultes colportés et encouragés par l'évangile économique : culte de la vitesse, de la productivité, du travail et de la consommation ; foi dans le progrès et la croissance ; mythe de la tragédie des communs, fable du troc ou encore fétichisme de la marchandise. C'est à Karl Marx que nous devons

1. Robert H. Frank, Thomas Gilovich et Dennis T. Regan, « Does Studying Economics Inhibit Cooperation ? », *The Journal of Economic Perspectives*, vol. 7, n° 2, printemps 1993, p. 159-171.

d'avoir révélé ce caractère fétiche de la marchandise, et l'on trouvera en annexe du présent recueil la section du *Capital* dans laquelle il développe cette idée. Walter Benjamin en citait fréquemment les premières phrases : « Une marchandise paraît au premier coup d'œil quelque chose de trivial et qui se comprend de soi-même. Notre analyse a montré au contraire que c'est une chose très complexe, pleine de subtilités métaphysiques et d'arguties théologiques[1]. »

Comme le note Anselm Jappe, lecteur attentif de Marx, le fétichisme de la marchandise s'apparente au stade primitif des religions, qui voit les hommes vénérer leur propre création, accorder des propriétés magiques, une âme, des intentions propres aux choses qu'ils produisent. Par le truchement de la valeur, bien sûr, mais aussi, plus prosaïquement, à travers le discours publicitaire qui alimente sans conteste cette dimension magique des marchandises, les transformant en autant d'amulettes. Tel parfum vous rendra irrésistible, telle voiture vous rendra libre et dominant. De leur côté, les *institutions* économiques sont appréhen-

1. Benjamin la cite notamment dans « Paris, la capitale du XIXe siècle » (*in* Walter Benjamin, *Sur le concept d'histoire*, traduit de l'allemand par Olivier Mannoni, préface de Patrick Boucheron, Paris, Payot, coll. « Petite Bibliothèque Payot », 2013, p. 165-195). Voir Ami Bouganim, *Walter Benjamin. Le rêve de vivre*, Paris, Albin Michel, 2007, p. 68. Scholem souligne d'ailleurs « la forte impression que lui produisait *[Le Capital]* », et notamment « le chapitre concernant le caractère fétichiste de la marchandise » (Gershom Scholem, *Walter Benjamin*, *op. cit.*, p. 148).

dées comme des êtres vivants, voire des divinités, ne répondant plus aux lois des hommes. « Les marchés », « les bourses », sont fréquemment personnifiés. Les marchés se régulent seuls, sont chargés de pourvoir à nos besoins et désirs, d'organiser l'allocation des ressources, des revenus, ou la fixation des prix[1].

« Le caractère fétiche de la marchandise et son secret » est extrait du livre premier du *Capital* (1867), et d'une première section intitulée « La marchandise et la monnaie ». Marchandise et monnaie sont en effet liées, et il convient ici de revenir à la fable du troc. Cette fable renvoie à l'origine fantasmée de la monnaie qui fait d'elle la fille de l'échange et la petite sœur du troc. Ce faisant, elle occulte toute la dimension politique du phénomène monétaire. Suivant cette fable donc, la monnaie, intermédiaire d'échange universel, aurait été inventée pour pallier les insuffisances pratiques du troc.

La réalité est tout autre. Présente dans toutes les sociétés, la monnaie n'a été que tardivement employée comme instrument d'échange marchand[2]. Or, la présenter seulement comme un

---

1. Anselm Jappe, « Le fétichisme de la marchandise », *in* Serge Latouche et Anselm Jappe, *Pour en finir avec l'économie*, *op. cit.*, p. 63.

2. Jean-Michel Servet, « La fable du troc », *Dix-Huitième Siècle*, n° 26, 1994, p. 103-115. L'origine de la division du travail relève d'une fable analogue. Stephen Marglin montre comment cette division, généralement justifiée par les gains de productivité qu'elle permet, peut être contestée du point de vue de l'efficacité, mais aussi qu'elle tire son origine non pas d'une quête de productivité,

outil simple et commode, socialement neutre, fin voile posé sur les échanges, c'est oublier non seulement la « grande transformation » sociale que la monnaie a induite, mais aussi le rôle du développement de l'État-nation dans la généralisation de son usage marchand. En réalité, c'est précisément cet usage de la monnaie, conséquence sociale du besoin de l'État de lever l'impôt pour financer ses guerres, qui a engendré « l'économicisation » de la société et de nos vies. Payer l'impôt implique d'avoir un revenu ; avoir un revenu implique de vendre sa production ou de vendre sa force de travail ; d'où un impératif de productivité et de rationalisation de l'effort (le calcul est facilité par la magie de l'équivalence marchande). C'est ainsi que nous sommes tous entrés en économie[1].

---

suivant la logique de la fabrique d'épingles décrite par Smith, mais de la volonté des premiers capitalistes de « diviser pour mieux régner », diviser le travail en de multiples tâches pour être les seuls à contrôler l'ensemble du processus de production (voir Stephen Marglin, « What Do Bosses Do ? The Origins and Functions of Hierarchy in Capitalist Production », *The Review of Radical Political Economics*, n° 6, 1974, p. 60-112).

1. C'est cela aussi qui a fait de l'économie la religion de l'argent, « l'Église de Mammon », pour reprendre l'expression d'Ernst Bloch à qui Benjamin emprunte le titre du « Capitalisme comme religion » (Ernst Bloch, *Thomas Münzer, théologien de la Révolution*, Paris, 10/18, 1964, p. 183, cité *in* Michael Löwy, « Le capitalisme comme religion : Walter Benjamin et Max Weber », *Raisons politiques*, vol. 23, n° 3, 2006, p. 203).

La décroissance comme salut ?

Mais si nous y sommes entrés, sans doute est-il encore possible d'en sortir… Certes, on a du mal à se figurer une société hors de l'économie. Mais c'est oublier que l'économie est une invention relativement récente, moderne. Comme le rappelle les auteurs de *Sortir de l'économie*, « ce n'est qu'avec la naissance du capitalisme à partir des XVe et XVIe siècles, que l'on peut dire qu'il y a constitution, sous le nom d'économie, d'un ensemble d'activités sociales spécifiques (production, distribution, échange, consommation), qui vont structurer la reproduction des rapports sociaux comme simples rapports économiques[1] ».

Certes, de tout temps, et en tout lieu, les humains ont dû *travailler* pour produire les biens nécessaires à la satisfaction de leurs besoins. N'est-ce pas là l'objet de l'économie, et la preuve de son caractère anhistorique ? Non, car il s'agit en réalité d'une acception trop large de l'économie, qui ne permet pas de saisir l'ampleur de la rupture opérée par la modernité dans notre organisation sociale et nos représentations. Car, comme le rappelle à raison Gilbert Rist, l'économie n'est qu'une *représentation*[2].

1. Collectif, *Sortir de l'économie*, Vierzon, Le Pas de Côté, 2013, p. 10.

2. Gilbert Rist, *La Tragédie de la croissance*, Paris, Presses de Sciences-Po, 2018, p. 58.

La décroyance économique

À la suite d'Anselm Jappe, il convient de proposer une définition plus stricte de l'économie. Selon ce promoteur de la théorie critique de la valeur, l'économie « est une manière d'organiser la reproduction matérielle des êtres humains autour des catégories de travail, argent, investissement, retour sur investissement – des choses qui ne font assurément pas partie de la nature humaine[1] », tout comme cette conception de l'homme comme être de besoin, comme « simple être économique[2] » défini par ses seuls besoins.

Ce sont ces catégories économiques qui nous poussent à travailler trop, à lutter pour conserver nos emplois, à batailler pour remplir des carnets de commandes, à bosser plus pour vendre plus et pouvoir bosser davantage. Ce sont elles aussi qui nous conduisent à considérer le chômage comme un problème au lieu de le penser comme une maximisation souhaitable du temps libéré. L'idéologie économique nous aveugle au point de voir ces aberrations comme des phénomènes naturels logiques et irréfutables. Mais dans ces conditions, quel pourrait être le chemin de notre apostasie ?

La décroissance semble constituer un bon point de départ. En effet, lorsque la croissance

---

1. Anselm Jappe, « Le fétichisme de la marchandise », *op. cit.*, p. 53.
2. *Ibid.*, p 6.

est érigée en dogme incontestable, défendre la décroissance devient vite blasphématoire[1]. Nous sommes donc sur la bonne voie, et l'on s'aperçoit au passage que décroître, c'est commencer à « décroire ». « Il nous faut prendre conscience qu'une vie collective structurée par l'argent, le travail et la valeur est historiquement récente, et que la reproduction des sociétés humaines n'est jamais passée auparavant par cette logique fétichiste de la valeur comme à l'heure actuelle »[2]. Mais concrètement, que faire ?

Suivant la lecture du « Capitalisme comme religion » que propose Michael Löwy[3], Benjamin recense cinq pistes potentielles pour rompre avec le culte de l'argent. Une piste réformiste, immédiatement écartée car les éléments du culte préservés finiraient toujours par l'emporter. Le surhomme nietzschéen, capable sans doute de dépasser sa culpabilité. Le socialisme de Marx, mais celui-ci demeure prisonnier des catégories économiques. Le pas de côté, suggéré par la référence au philosophe allemand Erich Unger qui écrit, à la page mentionnée par Benjamin : « Pour pouvoir accomplir quelque chose contre le capitalisme, il est indispensable, avant tout, de quitter sa sphère d'efficacité, parce que, à l'intérieur de celle-ci, il est capable

1. Serge Latouche, « L'économie comme religion », in *ibid.*, p. 37.

2. Collectif, *Sortir de l'économie*, *op. cit.*, p. 17.

3. Michael Löwy, « Le capitalisme comme religion : Walter Benjamin et Max Weber », art. cité, p. 213-215.

d'absorber toute action contraire[1]. » Enfin, le socialisme libertaire de Gustav Landauer qui semble ouvrir la voie à une « conversion » ou un « retour » à la nature, aux rapports humains et à la vie communautaire[2].

Ce passage de Benjamin n'étant pas explicite, simple succession de références, il demeure difficile d'évaluer l'optimisme de l'auteur quant à ces différentes options. Tout au plus pouvons-nous relever que l'issue ne saurait être purement individuelle et qu'elle doit nécessairement être révolutionnaire ou sécessionniste.

Pour en revenir à la décroissance, on ne peut donc se contenter de la simplicité volontaire ou de l'exemplarité des colibris pour sortir de l'économie. On ne peut pas davantage se satisfaire des « huit R » égrainés par Serge Latouche dans de nombreux livres[3], au risque de ne finalement engendrer qu'une religion réformée, prisonnière de l'imaginaire moderne[4]. L'enjeu est donc double : il nous

---

1. Erich Unger, *Politik und Metaphysik*, p. 44, citation et traduction de Michael Löwy, *ibid.*, p. 214-215.

2. *Ibid.*, p. 215.

3. Huit « R » pour réévaluer, reconceptualiser, restructurer, redistribuer, relocaliser, réduire, réutiliser et recycler. Voir notamment Serge Latouche, *Le Pari de la décroissance*, Paris, Pluriel, 2010.

4. Pour une critique bienveillante de la proposition de Latouche, voir Onofrio Romano, « Les enjeux anthropologiques de la décroissance », *in* Baptiste Mylondo, *La Décroissance économique. Pour la soutenabilité écologique et l'équité sociale*, Bellecombe-en-Bauges, Le Croquant, 2009, p. 169-180.

faut non seulement décoloniser notre imaginaire, mais aussi en développer un nouveau. Concrètement, cela implique déjà de trouver une autre organisation sociale, collective, au sein de laquelle « “travail”, “salaire”, “argent”, “temps de travail”, “consommation”, “production”, “échange”, “troc”, “gratuité”, “marchandises”, en un mot, *l'économie*, n'iront plus de soi[1] ». Dans cette optique, deux expériences peuvent nous inspirer : les coopératives intégrales, et l'expérience révolutionnaire zapatiste au Chiapas.

Coopération et sécession

Commençons par les coopératives intégrales. Dans leur formalisation initiale dont la Coopérative intégrale catalane constitue l'exemple le plus abouti[2], il s'agit de reprendre le pouvoir sur l'économie. « Intégrale » renvoie alors à deux choses. Premièrement, les membres de ces coopératives entendent se saisir collectivement de toutes les questions économiques (quels sont nos besoins, que faut-il produire, qui doit produire, dans quelles conditions, à destination de qui, comment répartir la production ?) et à y apporter des réponses elles aussi collectives. Deuxièmement, ces coopératives

1. Collectif, *Sortir de l'économie*, *op. cit.*, p. 18.

2. Voir Emmanuel Daniel, *Rébellion et désobéissance, la coopérative intégrale catalane*, Paris, Atelier Henry Dougier, 2016.

sont dites intégrales car elles ne sont pas de simples coopératives de production, des coopératives agricoles, de consommation, d'habitants, de crédit ou d'activité. Elles sont tout cela en même temps et participent ainsi d'une« coopérativisation » de la société (contre le marché et contre l'État).

La Coopération intégrale du Berry est une autre initiative encore plus prometteuse, ce collectif d'hérétiques berrichons ayant fait le choix, contrairement à leurs homologues catalans, de démonétiser leurs relations et de développer des temps d'activité partagés lors d'une journée banalisée (le bien nommé « commun lundi »), dont les fruits (« provision commune », source d'un pouvoir de non-achat) sont eux aussi partagés suivant un principe de prise sur le tas : à chacun selon ses besoins.

Ainsi, le partage remplace l'échange marchand, et l'autoproduction collective se substitue à la production désincarnée et vide de sens d'une économie globalisée qui fait de nous de simples rouages anonymes dans une machinerie économique autonomisée[1]. Surtout, cette forme de coopération intégrale permet de sortir de l'individualisme qui nous place systématiquement seuls face à nos besoins, seuls face à nos emplois, seuls face à nos dépenses et seuls face à nos dettes.

À une plus grande échelle, la révolution zapatiste des Indiens du Chiapas, le 1er janvier 1994, a

1. Voir « La religion de l'économie », *in* Collectif, *Sortir de l'économie*, *op. cit.*, p. 67-80.

donné naissance à une autre organisation originale. Dans les villages sécessionnistes de ce territoire mexicain, une large part des relations qui auparavant faisaient, comme chez nous, l'objet d'échanges marchands, ont été démonétisées. En outre, la logique de division du travail a été remplacée par un principe de déspécialisation (ou d'indivision du travail), ce qui ne signifie pas que tout le monde fait tout ou sait tout faire, mais que chacun peut être formé à tout, facilement, librement, et que personne n'est propriétaire de savoir-faire sources de pouvoir et de domination[1]. On est loin de notre organisation économique, et l'on voit bien que l'économie ne saurait d'ailleurs offrir une grille de lecture adaptée pour appréhender et évaluer ce qui se joue là-bas.

Bien sûr, ces diverses expériences demeurent embryonnaires, marginales et échouent encore à s'affranchir pleinement du capitalisme et de l'économie. Les membres des coopératives intégrales continuent à vendre leur force de travail hors de leurs collectifs, et les zapatistes demeurent intégrés dans l'économie mondiale. Mais tout cela nous montre que la naturalisation de l'économie peut être remise en cause, que sa domination n'est pas inéluctable.

1. Pour une présentation plus complète du mode de fonctionnement des zapatistes (y compris du fonctionnement politique), voir les nombreux textes que l'historien Jérôme Baschet lui a consacré, notamment dans *Adieu au capitalisme* (Paris, La Découverte, 2016) et *Misère de la politique* (Paris, Divergences, 2017).

Repenser la dépense

Reste un dernier enjeu, et il est de taille. Walter Benjamin note que « le capitalisme sert essentiellement à apaiser les mêmes soucis, les mêmes tourments et les mêmes inquiétudes auxquels ce qu'il est convenu d'appeler religion donnait autrefois réponse ». Ces inquiétudes, on les connaît : la peur du manque, la peur de la mort et, en fin de compte, le sens de la vie. L'économie remplit aujourd'hui ce rôle en nous donnant la possibilité de noyer nos inquiétudes dans une laborieuse fuite en avant consumériste. Faute de pouvoir trouver une issue communautaire, nous dit Benjamin, nous nous replions sur des solutions individuelles et matérielles qui échouent finalement à soigner notre désespoir.

Paradoxalement, ce désespoir né de l'absence d'issue est peut-être notre voie de salut. En effet, il est aussi le signe que l'économie, en tant que religion, est en échec. La consommation n'apaise plus nos craintes et les questionnements actuels sur le sens du travail sont eux aussi le symptôme d'une foi qui vacille. Il convient donc de lui trouver un supplétif, en prenant la mesure de ce que signifie sortir de l'imaginaire de l'individualisme et de la rareté.

Sur ce point, le sociologue Onofrio Romano avance une réflexion intéressante en invitant à penser une anthropologie décroissante capable de nous émanciper de l'imaginaire religieux de la croissance[1].

Nous ne pouvons pas nous contenter d'une critique de « la croissance pour la croissance », simplement au nom de la défense de la vie (ou par peur de l'effondrement ou de la catastrophe, quelle qu'elle soit). Si nous n'affrontons pas la question du sens de la vie, nous restons irrémédiablement enfermés dans la même impasse. En fin de compte, la défense de « la vie pour la vie » s'avère aussi vaine que la quête de croissance sans fin ni finalité. À quoi bon ? Pour quoi faire ? Une fois de plus, il est essentiel de retrouver un sens commun.

Cette question du sens ne se pose qu'une fois dépassé le seuil de subsistance. Tant qu'on ne s'efforce que de survivre, elle est un luxe inutile, mais une fois le seuil de subsistance atteint, nous devons faire face à l'angoisse du vide. Or si en rupture avec la pensée économique nous rejetons l'imaginaire de la rareté, le problème central n'est plus la lutte contre le manque, mais bien l'utilisation de l'excédent. À la suite de Georges Bataille, Romano fait donc de l'utilisation de notre excédent (la « part maudite ») la question essentielle du sens de la vie[2]. En effet, la présence d'un excédent non utilisé

1. Onofrio Romano, « Les enjeux anthropologiques de la décroissance », *op. cit.*, p. 169-180.

2. Bataille distingue la « part servile » de l'énergie, consacrée à la survie, et la part excédentaire, « maudite », dont les humains doivent dépenser souverainement (c'est-à-dire de manière non utilitaire) afin d'assumer leur condition humaine et de nier leur animalité (voir Michel Lepesant, « J'ai

« constitue une menace de non-sens qui pèse sur le vivant. C'est ce qui rend nécessaire la dépense[1] », car sans elle l'excédent est en soi un élément d'angoisse.

La dépense peut alors prendre des formes diverses. Le gaspillage pur en est déjà une, et lorsqu'on apprend que 30 % des biens achetés finissent immédiatement à la poubelle[2], on voit, comme le notait déjà l'essayiste Vance Packard en 1960, que nous sommes vraiment passés maîtres dans « l'art du gaspillage ». Mais la surconsommation peut aussi être vue comme une autre forme de gaspillage. Enfin, la dépense peut également se traduire par des actes sacrificiels : des biens utiles sont détruits et ainsi sacralisés, pour qu'ils ne soient pas profanés dans un usage utilitaire.

Dans notre société, la dépense est essentiellement réalisée dans la sphère privée, et cette dépense privée, irréfléchie, va aujourd'hui de pair avec une austérité publique de plus en plus marquée. Mais on peut imaginer un autre agencement social, plus à même de réenchanter la vie que nos dépenses consuméristes : une relative frugalité privée, combinée à une prodigalité publique. Bien sûr, « cela

relu *La Part maudite* de Georges Bataille », article publié le 12 août 2017 sur LeMonde.fr, http://decroissances.blog.lemonde.fr/2017/08/12/jai-relu-la-part-maudite-de-georges-bataille/).

1. Onofrio Romano, « Les enjeux anthropologiques de la décroissance », *op. cit.*, p. 177.

2. Serge Latouche, « L'économie comme religion », *op. cit.*, p. 45.

nécessite que la dépense soit replacée dans un cadre collectif », de manière à trancher ensemble la question du sens, de ce que nous partageons, de ce que nous avons en commun.

Romano nous invite ainsi à « resocialiser le gaspillage, dans le cadre d'un nouveau "communisme consumériste" qui, d'un côté, assure l'existence individuelle en protégeant chacun du marché et des rigueurs de l'autoproduction, de l'autre, anéantisse l'énergie excédentaire en empêchant le vide de sens de se répandre[1] ». Nous retombons finalement sur certaines recettes qui faisaient l'abondance des sociétés primitives.

Fait inédit, la société moderne a laissé libre cours à la compétition sociale généralisée dans la sphère économique, faisant peser sur l'individu la charge de la dépense et de son absence de sens. Sans doute faut-il, comme nous y invite Romano, rompre avec cette liberté étourdissante et s'adonner ensemble à des dépenses rituelles et autres fêtes pour forger le lien social, exorciser notre utilitarisme maladif et jouir ensemble, sans compter ni économiser, au-delà du besoin.

Foi dans l'humanité future

Dans les années 1930, à Paris, Walter Benjamin a fréquenté Georges Bataille. À la Bibliothèque

1. Onofrio Romano, « Les enjeux anthropologiques de la décroissance », *op. cit.*, p. 180.

nationale, où ce dernier travaillait comme conservateur, mais aussi dans le cadre du Collège de sociologie, dont Bataille fut l'un des principaux animateurs, de 1937 à 1939. *La Part maudite* paraîtra en 1949, neuf ans après la mort de Benjamin. On ne sait quelle lecture celui-ci en aurait faite, mais on trouve dans son article « Sur Scheerbart » des éléments qui ne sont pas sans rappeler l'idée de dépense souveraine défendue par Bataille.

C'est Scholem qui fait découvrir Paul Scheerbart, auteur de science-fiction et pacifiste convaincu, à son ami Benjamin. Pour son mariage, en 1917, il lui offre *Lesabendio*, le principal ouvrage de cet écrivain allemand. Benjamin salue immédiatement ce roman dans lequel le héros, habitant d'une planète imaginaire, se livre à la construction d'une tour qui, « à l'origine, [...] n'a pas de destination précise ». Dans sa notice, Benjamin fait le parallèle avec la tour Eiffel, érigée elle aussi sans visées utilitaires. Ne peut-on y voir un bel exemple de dépense souveraine ?

Mais le plus surprenant chez Scheerbart, c'est cette foi dans l'homme qui semble contagieuse. À sa lecture, Benjamin se met à voir deux conditions au progrès de l'humanité. Premièrement, « que les hommes sortent de l'opinion basse et grossière qu'ils sont appelés à "exploiter" les forces de la nature ». Deuxièmement, « [qu'ils] demeurent convaincus que la technique, tout en libérant les humains, libérerait fraternellement par eux la création entière ». Nous en sommes encore loin aujourd'hui, mais il reste permis d'espérer. « Railleries à l'adresse de l'humanité actuelle, [...] foi en une humanité future », lance Benjamin. Finalement, peut-être était-il un optimiste.

Baptiste MYLONDO[1]

1. Spécialiste de la décroissance, enseignant en économie à Sciences-Po Lyon.

Le capitalisme comme religion

Dans le capitalisme il faut voir une religion, c'est-à-dire que le capitalisme sert essentiellement à l'apaisement des mêmes soucis, souffrances et inquiétudes auxquels lesdites religions apportaient jadis une réponse. Apporter la preuve de cette structure religieuse du capitalisme, non seulement – comme le pense Weber – en tant que formation conditionnée par la religion, mais aussi en tant que phénomène essentiellement religieux, nous détournerait aujourd'hui encore du droit chemin en nous faisant plonger dans une polémique universelle démesurée. Nous ne pouvons resserrer le filet dans lequel nous sommes pris. Nous évoquerons toutefois rapidement, plus tard, tout cela.

Il est néanmoins déjà possible de discerner dans les temps présents quatre traits caractéristiques de cette structure religieuse du capitalisme. Premièrement, le capitalisme est une pure religion cultuelle, peut-être la plus extrême que l'histoire a connue. Il n'a rien en lui qui ne soit pas immédiatement en rapport avec la signification cultuelle, il ne connaît aucun dogme spécifique, aucune théologie. L'utilitarisme en tire de ce point de vue sa coloration religieuse. Un deuxième trait caractéristique du capitalisme est étroitement lié à cette concrétion du culte : la durée du culte est permanente. Le capitalisme est la célébration d'un culte *sans trêve et sans merci*[1]. Il n'y a là aucun « jour ouvrable », aucun jour qui ne soit pas jour de fête au sens affreux du déploiement de toute la pompe sacrée, de l'extrême tension habitant celui qui vénère. Troisièmement, ce culte est culpabilisant. Le capitalisme est probablement le premier exemple d'un culte qui n'est pas expiatoire mais culpabilisant. Ce système religieux est entraîné ici même dans un mouvement monstrueux. Une conscience monstrueusement coupable qui ne sait pas expier se saisit du culte, non pas afin d'expier en lui cette culpabilité mais d'en faire une culpabilité universelle, d'en saturer la conscience et, enfin et surtout, d'inclure Dieu lui-même dans cette culpabilité pour qu'en fin de compte lui-même ait intérêt à l'expiation. Celle-ci ne doit donc pas ici être attendue du culte lui-même et pas non plus de la réforme de cette religion – parce qu'il lui faudrait pouvoir s'appuyer sur une assise sûre en elle –, ni de son abjuration. Il tient à l'essence même de ce mouvement religieux qu'est le capitalisme de persévérer jusqu'à la fin, jusqu'à la complète et définitive culpabilisation de Dieu, jusqu'à ce que

1. En français dans le texte. *(Toutes les notes sont du traducteur.)*

soit atteint un état universel de désespoir tout juste encore *espéré*. L'inouï du capitalisme sur le plan historique réside dans le fait que la religion n'est plus réforme de l'être mais sa dévastation. La propagation du désespoir à l'état religieux du monde dont il faudrait attendre le salut. La transcendance de Dieu est tombée. Mais il n'est pas mort, il est inclus dans le destin de l'homme. Ce passage de la planète homme à travers la maison du désespoir dans la solitude absolue de son orbite est l'ethos qui détermine Nietzsche. Cet homme est le surhomme, le premier à entreprendre en parfaite connaissance de cause la réalisation de la religion capitaliste. Son quatrième trait caractéristique est que son Dieu doit être caché, qu'il ne peut être appelé qu'au zénith de sa culpabilisation. Le culte sera célébré devant une divinité immature, toute représentation, toute pensée la concernant porte atteinte au secret de sa maturité.

La théorie freudienne relève aussi de la domination sacerdotale de ce culte. Elle est tout à fait capitaliste dans son mode de pensée. Le refoulé, la représentation coupable – en vertu d'une analogie tout ce qu'il y a de plus profonde, une analogie restant encore à éclairer – est le capital, lequel produit les intérêts de l'enfer de l'inconscient.

Le type de la pensée religieuse capitaliste se trouve génialement exprimé dans la philosophie de Nietzsche. La pensée du surhomme transfère le « saut » apocalyptique non pas dans la conversion, l'expiation, la purification et la contrition mais dans l'intensification en apparence constante mais en vérité discontinue car gravement perturbée en dernière instance. C'est pourquoi l'intensification et l'évolution au sens du *non facit saltum*[1] sont inconciliables. Le surhomme est l'homme historique qui est arrivé sans s'être converti, qui a grandi en traversant les cieux. Nietzsche a porté préjudice à cette déflagration des cieux provoquée par une intensification de l'humain, qui est et qui demeure du point de vue religieux (y compris aux yeux de Nietzsche) culpabilité. Et Marx de semblable façon : le capitalisme qui ne se convertit point devient socialisme avec intérêts et intérêts cumulés, lesquels sont fonction de la *dette*[2] (voir l'ambiguïté démoniaque de ce concept).

Le capitalisme est une religion du culte pur, sans dogme.

Le capitalisme – comme il faut le démontrer non seulement au sujet du calvinisme mais aussi des autres courants chrétiens orthodoxes – s'est développé en Occident en parasite du christianisme, à tel point que l'histoire de celui-ci est en définitive, pour l'essentiel, l'histoire de son parasite, le capitalisme.

---

1. « La nature ne fait pas de saut », écrit Leibniz dans ses *Nouveaux essais sur l'entendement humain* (1882), Jacques Brunschwig (éd.), Paris, Garnier-Flammarion, 1993.

2. Benjamin utilise le mot *Schuld*, qui signifie à la fois dette, faute et culpabilité. Il la présente comme la « catégorie suprême de l'histoire universelle » dans un autre fragment consacré à « l'éthique appliquée à l'histoire ».

Il y aurait tout d'abord à examiner méthodiquement les liens que l'argent, au fil de l'histoire, a instaurés avec le mythe, jusqu'à pouvoir tirer du christianisme suffisamment d'éléments mythiques pour constituer son propre mythe[1].

Le prix du sang / Thesaurus des œuvres de qualité / Le salaire qui est dû au *prêtre*. Pluton, dieu de la richesse.

Adam Müller, *Discours sur l'éloquence [Reden über die Beredsamkeit]*, 1816, p. 56 et suivantes[2].

Rapport avec le capitalisme du dogme de la nature résolutoire du savoir, qualité qui, à nos yeux, le rend à la fois rédempteur et meurtrier : le bilan en tant que savoir rédempteur et liquidateur.

Réaliser que le paganisme originaire fut certainement le tout premier à concevoir la religion non pas comme un intérêt « moral » « supérieur » mais comme l'intérêt pratique le plus immédiat, réaliser – pour le dire autrement – qu'il n'avait pas davantage que le capitalisme d'aujourd'hui conscience de sa nature « idéale » ou « transcendante », et

---

1. Selon Burkhard Lindner, écrit encore Löwy *(op. cit.)*, « la perspective historique du fragment est fondée sur la prémisse que l'on ne peut séparer, dans le système de la religion capitaliste, la “culpabilité mythique” et la dette économique ».

2. Voir Adam Müller, *Douze discours sur l'éloquence et son déclin en Allemagne*, édité et traduit de l'allemand par Christine Gemeaux, Paris, Les Belles Lettres, 2015.

que l'individu irréligieux ou ne partageant pas les croyances de sa communauté ne pouvait compter sur le moindre égard de sa part, exactement comme la bourgeoisie d'aujourd'hui traite le bourgeois qui ne gagne pas d'argent, réaliser tout cela, donc, contribuera à la connaissance du capitalisme comme religion.

Fragment théologico-politique

Seul le messie lui-même achève tout devenir historique, au sens où lui seul rachète, achève, crée le rapport de ce devenir au messianique même[1]. C'est pourquoi aucun événement historique ne peut vouloir de lui-même se rapporter au messianique. C'est pourquoi le royaume de Dieu n'est pas le *telos* de la *dunamis* historique ; il ne peut être posé comme but. Historiquement, il est envisagé non comme un objectif, mais comme une fin[2]. Voilà pourquoi l'ordre du profane ne peut être édifié à partir de

1. Sur le messianisme de Benjamin, voir Gershom Scholem, *Benjamin et son ange*, traduit de l'allemand par Philippe Ivernel, Paris, Rivages, coll. « Petite Bibliothèque », 1995 ; voir également Pierre Bouretz, *Témoins du futur. Philosophie et messianisme*, Paris, Gallimard, 2003, p. 223-299. *(Toutes les notes sont du traducteur.)*

2. Voir ici les considérations sur le bonheur de la thèse II de *Sur le concept d'histoire*, *in* Walter Benjamin, *Sur le concept d'histoire*, traduit de l'allemand par Olivier Mannoni, préface de Patrick Boucheron, Paris, Payot, coll. « Petite Bibliothèque Payot », 2013, p. 54-55.

l'idée de royaume de Dieu ; voilà pourquoi la théocratie ne revêt aucune signification politique mais seulement une signification religieuse. Le plus grand mérite de *L'Esprit de l'utopie* de Ernst Bloch est d'avoir récusé avec toute la fermeté qui s'imposait l'idée d'une signification politique de la théocratie[1].

L'ordre du profane doit se redresser en s'appuyant sur l'idée de bonheur. Le rapport de cet ordre au messianique est l'un des enseignements essentiels de la philosophie de l'histoire. Et, de fait, ce rapport conditionne une conception de l'histoire dont la problématique se laisse exposer dans une image. Lorsqu'on désigne par une flèche l'objectif vers lequel tend la *dunamis* du profane, et par une autre la direction de l'intensité messianique, la quête du bonheur de l'humanité libre s'écarte alors bien sûr de cette direction messianique ; mais, de même qu'une force peut, à travers sa trajectoire, en favoriser une autre suivant une trajectoire opposée, ainsi l'ordre profane du profane peut lui aussi favoriser l'avènement du royaume messianique[2]. Le profane n'est donc certes en rien une catégorie du Royaume mais une catégorie, et l'une des plus fondées, de son imper-

1. Ernst Bloch, *L'Esprit de l'utopie*, traduit de l'allemand par Anne-Marie Lang et Catherine Piron-Audard, Paris, Gallimard, 1977.

2. Voir l'évocation de l'importance de la théologie pour le théoricien de l'histoire dans la thèse I de *Sur le concept d'histoire*, *op. cit.*, p. 53.

ceptible proximité[1]. Car, dans le bonheur, tout le terrestre aspire à son naufrage, mais ce n'est que dans le bonheur qu'il trouvera catégoriquement le naufrage. – Alors, bien sûr, que l'intensité messianique immédiate du cœur, de chaque individu en son for intérieur, passe par le malheur, au sens de la souffrance. À la *restitutio in integrum* [restitution dans son intégralité] spirituelle, laquelle conduit à l'immortalité, correspond une *restitutio in integrum* séculière qui, elle, conduit à l'éternité d'un naufrage ; et le rythme propre à cette réalité mondaine éternellement fugace, fugace dans sa totalité, fugace dans sa totalité spatiale mais aussi temporelle, le rythme de la nature messianique est le bonheur. Car messianique est la nature par son éternelle et totale fugacité.

Aspirer à cette fugacité, y compris pour ces niveaux de l'homme qui sont nature, telle est la tâche de la politique mondiale dont la méthode a pour nom nihilisme.

1. Sur ces dialectiques du « Royaume », voir Vincent Delecroix, *Apocalypse du politique*, Paris, Desclée de Brouwer, 2016.

Panorama impérial[1]

Voyage à travers l'inflation allemande

I

Des très nombreuses expressions idiomatiques avec lesquelles, par bêtise et lâcheté, l'art de vivre du bourgeois allemand se trahit quotidiennement, celle de la catastrophe imminente – en ce que cela ne peut « plus continuer ainsi » – est particulièrement mémorable. La fixation impuissante sur les idéaux de sécurité et de propriété des décennies passées empêche Monsieur-tout-le-monde d'apercevoir les stabilités extrêmement remarquables, d'un type tout à fait inédit, sur lesquelles se fonde la situation actuelle. La stabilisation relative des années d'avant-guerre lui ayant été favorable, il croit devoir considérer comme instable toute situation qui le dépossède. Mais jamais, nulle part, les situations stables n'ont eu besoin d'être

1. Le *Kaiserpanorama* de Berlin offrait chaque semaine à ses visiteurs une nouvelle série de photographies stéréoscopiques.

des situations plaisantes, et il existait déjà avant-guerre des couches sociales pour lesquelles les situations stabilisées étaient la misère stabilisée. Le déclin n'est en rien moins stable, en rien plus stupéfiant que la croissance. Seul un calcul qui reconnaît trouver dans le naufrage l'unique raison à la situation présente pourrait aller outre l'étonnement débilitant devant ce qui se répète tous les jours, afin de comprendre les phénomènes de déclin comme des phénomènes stables par excellence, et le salut comme la seule chose presque fantastique et incompréhensible, exceptionnelle. Les communautés populaires de la Mitteleuropa vivent comme les habitants d'une ville encerclée dont les vivres et la poudre s'épuisent, et pour qui une chance de salut n'est, de l'avis unanime, guère envisageable. Un cas dans lequel une reddition, peut-être sans conditions, devrait être étudiée avec le plus grand sérieux. Mais la force muette, invisible, que la Mitteleuropa sent en face d'elle, ne négocie pas. Aussi ne reste-t-il plus qu'à diriger son regard, dans l'attente permanente de l'offensive finale, vers l'extraordinaire, qui seul peut encore sauver. Mais cet état obligé, fait de l'attention la plus tendue, rétive à la plainte, pourrait réellement provoquer le miracle, car nous nous trouvons en contact mystérieux avec les autorités qui nous assiègent. En revanche, ceux qui espèrent que cela ne puisse perdurer ainsi se rendront un jour, à ce sujet, à la raison, comprendront qu'il n'y a à la souffrance des individus comme des communautés qu'une limite, au-delà de laquelle on ne peut aller : l'anéantissement.

II

Un paradoxe étrange : les gens, quand ils agissent, n'ont à l'esprit que l'intérêt personnel le plus mesquin, mais dans le même temps sont plus que jamais déterminés, dans leur comportement, par l'instinct de la masse. Et, plus que jamais, les instincts de la masse sont frappés de démence, et devenus étrangers à la vie. Là où le sombre instinct de l'animal – comme le racontent d'innombrables anecdotes – trouve une issue au péril imminent, qui semble encore invisible, cette société, où chacun n'a à l'œil que son propre petit bien-être, décline dans une torpeur animale – mais sans le ténébreux savoir des animaux, comme une masse aveugle devant chaque danger, y compris le plus manifeste ; et la dissemblance des objectifs individuels devient insignifiante devant l'identité des forces déterminantes. Il s'avère à nouveau, encore une fois, que son penchant pour le familier, un familier maintenant perdu, depuis longtemps déjà, est si rigide qu'il empêche le recours proprement humain à l'intelligence, la prévoyance, y compris face au péril radical. De sorte qu'en elle se parachève l'image de la stupidité : incertitude, et même perversion des instincts vitaux ; impuissance, et même déclin de l'intelligence. Voilà dans quel état se trouve dans l'ensemble le bourgeois allemand.

III

Toutes les relations de proximité entre êtres humains sont affligées d'une clarté perçante, quasiment insoutenable, dans laquelle elles se montrent à peine à même de se maintenir. L'argent se situant d'un côté au centre de tous les intérêts vitaux, et ce d'une façon dévastatrice, et étant justement d'un autre côté la barrière sur laquelle vient s'échouer presque toute relation humaine, la confiance inconditionnelle, le calme et la santé disparaissent donc de plus en plus, dans le domaine de la nature, comme dans celui de la morale.

IV

Ce n'est pas sans raison que l'on a pour habitude de parler de la misère « nue ». Le plus funeste, dans son exhibition, qui commença à devenir chose coutumière sous la loi de la nécessité, et qui pourtant ne rend visible qu'un millième de ce qui est caché, ce n'est pas la pitié, ou la conscience tout aussi terrible de sa propre impassibilité qui est éveillée chez l'observateur, mais sa honte. Impossible de vivre dans une grande ville allemande, où la faim force les plus misérables à vivre des billets avec lesquels les passants cherchent à couvrir une nudité qui leur fait mal.

V

« La pauvreté ne déshonore pas. » Très bien. Mais ils déshonorent le pauvre. Ils le déshonorent, et ils le consolent avec un compliment. Il est de ceux qui, autrefois, ont pu revêtir une certaine valeur, mais dont la date d'expiration a depuis longtemps été dépassée. Pas autre chose que ce brutal « qui ne travaille pas ne doit pas manger ». Quand il y avait du travail, qui nourrissait son homme, il existait aussi une pauvreté qui ne le déshonorait pas, quand elle le frappait par une mauvaise récolte ou par un autre coup du sort. Mais ces privations déshonorent bien, elles qui sont le lot de millions, touchent des centaines de milliers qui se paupérisent. La saleté et la misère s'élèvent autour d'eux comme des murs, l'œuvre de mains invisibles. Et comme l'individu peut supporter beaucoup pour ce qui le concerne lui, mais éprouve une honte justifiée lorsque sa femme le voit ainsi ployer, et qu'elle même subit, l'individu a ainsi le droit de beaucoup endurer tant qu'il est seul, et d'endurer tout tant qu'il le cache. Mais personne n'a le droit de conclure une paix séparée avec la pauvreté lorsqu'elle s'abat, telle une ombre gigantesque, sur son peuple, et sur sa maison. Il doit alors tenir ses sens en éveil, pour chaque humiliation qui leur est infligée, et ainsi leur inculquer longtemps la discipline, jusqu'à ce que ses souffrances aient dégagé non plus la rue escarpée de l'affliction, mais le chemin qui monte de la révolte[1]. Mais ici, il n'y a

1. Une première version de ce fragment, rédigée en 1923 (deux ans avant que ne débute l'écriture de *Sens unique*), opposait « la rue en pente de la haine » au « chemin montant de la prière ». Voir Jean-Michel Palmier, *Walter Benjamin. Le Chiffonnier, l'Ange et le Petit Bossu*, Paris, Klincksieck, 2006, p. 235.

rien à espérer tant que le plus terrible, le plus sombre des destins, quotidiennement, et même heure après heure discuté dans la presse, expliqué avec force raisons fausses et fausses conséquences, n'aide personne à connaître les puissances obscures dont sa vie est devenue l'esclave.

VI

Du point de vue de l'étranger, qui suit de loin l'organisation de la vie allemande, qui a même brièvement voyagé dans le pays, ses habitants ne semblent pas moins étranges qu'une peuplade exotique. Un Français plein d'esprit a dit : « Dans les cas les plus rares, un Allemand aura une idée claire de qui il est. S'il lui arrive un jour d'avoir une idée claire de qui il est, alors il ne saura pas la dire. Et s'il la dit, alors il ne saura pas se faire comprendre. » La guerre, par les infamies bien réelles et légendaires que l'on imputa aux Allemands, n'a pas, par exemple, été la seule à creuser cette distance sinistre. Ce qui parachève plutôt en premier lieu, aux yeux des autres Européens, le grotesque isolement allemand, ce qui éveille en eux la conviction bien ancrée qu'ils ont affaire, avec les Allemands, à des Hottentots (comme on l'a dit très justement à leur sujet), c'est la violence parfaitement incompréhensible aux yeux des observateurs, et totalement inconsciente chez ceux qui en sont la proie, avec laquelle les conditions de vie, la misère et la bêtise assujettissent les hommes, sur cette scène de théâtre, aux forces de la communauté, comme seule la vie de quelques primitifs est déterminée par les règles du clan. Le plus européen de tous les biens, cette ironie plus ou moins lisible au moyen de laquelle la vie de l'individu revendique se dérouler sur un autre mode que l'existence de toute communauté où elle se trouve jetée, est un bien que les Allemands ont absolument perdu.

VII

La libre conversation se perd. Alors qu'autrefois s'intéresser à son interlocuteur allait de soi lorsqu'on conversait avec autrui, cela est désormais remplacé par des questions sur le prix de ses chaussures ou de son parapluie. La thématique du coût de la vie, de l'argent, inéluctablement, s'immisce dans toute conversation entre amis. Il ne s'agit pas tant, en l'occurrence, des soucis et des souffrances des individus, à propos desquels ces derniers seraient peut-être en mesure de s'entraider, que de considérations sur la situation en général. Tout se passe comme si l'on était retenu prisonnier dans un théâtre, et comme s'il nous fallait suivre la pièce jouée sur scène, qu'on le veuille ou non, et comme s'il nous fallait faire de celle-ci, encore et toujours, qu'on le veuille ou non, l'objet de nos pensées et de nos paroles.

VIII

Qui ne se dérobe pas à la perception du déclin ne tardera pas à faire valoir une justification particulière à sa présence, à son activité et à sa participation à ce chaos. D'où tant de révélations sur la défaillance générale, et tant d'exceptions pour son propre champ d'activité, son domicile, et son moment. Plutôt que de délivrer l'existence personnelle de l'aveuglement général qui est sa toile de fond, au moins par une estimation souveraine de son impuissance et de sa paralysie, l'aveugle volonté de sauver le prestige de cette existence personnelle s'impose presque partout. Voilà pourquoi l'air est à ce point saturé de théories de la vie et de visions du monde, et pourquoi celles-ci semblent, dans ce pays, si prétentieuses ; c'est qu'il s'agit à la fin, et presque constamment, pour elles d'apporter une validation à n'importe quelle situation personnelle dénuée de toute importance. C'est justement pourquoi il est également si saturé de faux-semblants, des mirages d'un avenir culturel qui surviendrait malgré tout pour prospérer du jour au lendemain ; car chacun s'engage sur les illusions d'optique de son point de vue isolé.

IX

Les hommes qui sont parqués dans le périmètre de ce pays ont perdu le coup d'œil qui seul permet de discerner les contours de la personne humaine. Tout homme libre semble à leurs yeux un original. Représentons-nous les chaînes de montagnes des Hautes-Alpes se détachant non pas contre le ciel, mais contre les plis d'une sombre étoffe. Les formes impressionnantes ne se détacheraient qu'indistinctement. Ainsi, très exactement, un lourd rideau est venu masquer le ciel d'Allemagne, et nous ne voyons plus même le profil des hommes les plus grands.

X

Des choses la chaleur se retire. Les objets d'usage quotidien rejettent l'homme, avec douceur mais ténacité. Il a en somme à fournir, jour après jour, un travail immense pour surmonter les résistances secrètes – et non pas simplement explicites – qui s'opposent à lui. Il doit compenser leur froideur par sa propre chaleur, pour ne pas être transi en les touchant, et se saisir de leurs épines avec une habileté infinie, pour ne pas saigner à leur contact. De ses prochains il n'attend aucune aide. Le contrôleur, le fonctionnaire, l'artisan et le vendeur – tous se perçoivent comme le représentant d'une matière récalcitrante, dont ils s'efforcent de mettre en lumière la dangerosité par leur propre grossièreté. Et la terre elle-même est vouée à la dégénérescence des choses au moyen de laquelle, suivant le déclin humain, ils la châtient. Comme les choses, elle mine l'homme, et le printemps allemand, éternellement manquant, n'est que l'une des innombrables manifestations apparentées d'une nature allemande qui se décompose. On vit en elle comme si la masse de la colonne d'air, dont chacun supporte la pression, était brusquement devenue, contre toute loi de cette contrée, palpable.

XI

Chaque mouvement humain aspirant à se déployer, qu'il prenne sa source dans des impulsions spirituelles, ou même naturelles, est confronté à la résistance démesurée de l'environnement. La crise du logement et le contrôle aux frontières sont à l'œuvre pour anéantir entièrement ce symbole élémentaire de la liberté européenne qui, dans certaines formes, était donné au Moyen Âge lui-même : la liberté de circulation. Et si la contrainte médiévale attachait l'homme au moyen de liens naturels, et bien il est désormais enchaîné à une communauté contre-nature. Peu de choses renforceront autant la violence fatale de la pulsion migratoire, en voie de propagation, que l'asphyxie de cette liberté de circulation, et jamais la disproportion entre la liberté de mouvement et la profusion des moyens de circulation n'a atteint un tel degré.

XII

Toutes les choses perdant leur expression essentielle dans un processus inexorable de fusion et contamination, et l'équivoque venant se substituer à l'authentique, il en va de même de la ville. Les grandes villes, dont la force incomparablement apaisante et confortante accorde une trêve au créateur et est à même, en lui épargnant la vue de l'horizon, de le soulager également de la conscience des forces élémentaires toujours en veille, s'avèrent transpercées par une terre pénétrant partout. Non pas par le paysage, mais par ce que la nature libre a de plus amer, par le sol, par les routes de campagne, le ciel nocturne qu'aucune vibrante strate rougeâtre ne dissimule plus. L'insécurité même des quartiers animés transplante entièrement le citadin dans cette situation louche, et au plus haut point horrible, où il lui faut se mesurer, dans les aléas du plat pays isolé, aux créations de l'architecture urbaine.

XIII

Une noble indifférence à l'égard des sphères de la richesse et de la pauvreté a entièrement disparu des biens manufacturés. Chacun catalogue son propriétaire, qui n'a pour seule alternative que de faire figure de pauvre type ou de trafiquant. Car si l'esprit et l'amicalité sont en mesure de passer au travers du luxe authentique même, et de le reléguer dans l'oubli, ce qui se propage ici en fait de produits de luxe fait étalage d'une massivité si impudente que toute radiance spirituelle se brise à son contact.

XIV

Il semble que les plus anciens usages des peuples nous adressent une manière d'avertissement, pour nous garder du geste rapace quand vient le moment d'accepter ce que nous recevons si richement de la nature. Car nous ne sommes pas en mesure d'offrir à la terre mère quelque chose qui nous soit propre. C'est la raison pour laquelle il convient de montrer du respect en prenant, tout en lui restituant une partie du tout que nous recevons pour toujours, et à jamais, et ce avant même de prendre possession de ce qui nous revient. Ce respect s'exprime à travers la vieille coutume de la libation. C'est peut-être même cette très ancienne expérience morale qui se maintient, transformée, dans l'interdiction de ramasser les épis oubliés, et de récupérer les grappes tombées au sol, ceux-ci s'avérant profitables à la terre et aux ancêtres qui donnent la bénédiction. Dans la coutume athénienne, ramasser les miettes pendant le repas était interdit, car elles appartiennent aux héros. – Que la société, un jour, sous l'effet de la détresse et de l'avidité, dégénère au point de ne pouvoir recevoir que par le vol les dons de la nature, au point d'arracher les fruits encore verts afin d'en tirer profit sur le marché, et d'avoir à vider chaque plat pour seulement se rassasier, et son sol s'appauvrira, et la terre donnera de piètres récoltes.

Gottfried Keller

En l'honneur d'une édition critique intégrale de son œuvre[1]

> « Aux amateurs des dites "bonnes choses" nous pouvons assurer, de là où nous sommes, qu'il est bien question ici de telles choses. »
>
> Gottfried KELLER
> au sujet de la poésie de Leuthold[2]

On raconte de Haydn qu'il eut un jour le plus grand mal à composer une symphonie. Afin d'avancer, il se serait alors imaginé une histoire : un commerçant, en proie à des soucis financiers,

1. *Gottfried Kellers sämtliche Werke*. Une édition de Jonas Fränkel à partir du *Nachlass Keller*. Avec l'autorisation des ayant-droits de l'auteur en charge du *Nachlass*. Aux Éditions Eugen Rentsch, Erlenbach-Zürich et Munich. *(N.d.A.)*

2. Heinrich Leuthold (1827-1879) était un poète et traducteur suisse. *(Sauf indication contraire, toutes les notes sont du traducteur.)*

cherche en vain à y mettre un terme, fait faillite – *andante* –, se décide à émigrer en Amérique – *allegro ma non troppo* –, y rencontre le succès – *scherzo* –, et – *finale* – revient rayonnant parmi les siens. Ce sont là, à peu de choses près, les prémisses et la fin de *Martin Salander*[1]. Pour recourir à une expression convenant à l'ineffable douceur du style de Keller et à la plénitude de ses sonorités, on raconterait volontiers – à rebours des propos sur Haydn – comment, écrivant sa prose, il se laissait guider par les mélodies. Mais, dans la mesure où l'on n'entend rien de tel, il nous faut bien, afin de pouvoir en dire quelque chose, renvoyer à des moyens plus secs. Il n'y a pas lieu ici d'étayer cette observation mais, tout de même, on ne peut qu'être énormément frappé par le fait suivant : lorsque, il y a dix ans de cela, les Allemands, enfin, ont soudain prêté une attention passionnée à Stifter, aucun son issu de la flûte de Pan utilisée par Keller n'est venu pénétrer ce paysage-là, silencieux été comme hiver[2]. C'est que les Allemands avaient pour un certain nombre d'années abjuré – la guerre alors tout juste terminée – les contorsions politiques, dont les rythmes ne sont chez Keller que très faiblement perceptibles ; cherchant bien plus un lieu de cure qu'une patrie, ils se tournèrent alors vers le noble paysage stiftérien.

---

1. Gottfried Keller, *Martin Salander*, traduit de l'allemand par Benjamin Cornuz, Jean-Louis Cornuz et Colette Kowalski, Chêne-Bourg, Zoé, 1991.

2. Adalbert Stifter (1805-1868) était un écrivain et peintre autrichien, très admiré, notamment, par Kafka et Nietzsche.

Quoi qu'il en soit – la vérité neuve-ancienne voulant que Keller fasse partie des trois ou quatre plus grands prosateurs de la langue allemande a toujours quelques difficultés à s'imposer. Elle est trop ancienne pour intéresser les gens et trop neuve pour les obliger. Il en va semblablement, à cet égard, du dix-neuvième siècle lui-même, où, comme « au cœur de son été », Seldwyla – une *civitas dei helvetica* – érigea ses clochers[1]. Un premier aperçu sérieux de l'œuvre de Keller suppose une réévaluation de ce dix-neuvième siècle, qui ne s'est faite que trop attendre et qui est seule à même de mettre fin aux embarras des historiens de la littérature. Comment, déjà, ne pas être frappé, aujourd'hui, par les interprétations fondamentalement différentes dont ce siècle est l'objet dans la littérature bourgeoise et dans la littérature matérialiste ? Et qui niera que l'œuvre de Keller ne saurait s'offrir qu'à une analyse en droit de revendiquer l'héritage de ce fonds historique sur lequel elle est construite ? L'histoire littéraire bourgeoise ne peut rendre compte du matérialisme et de l'athéisme de Keller. Ne le peut plus. En effet, cet athéisme – qu'il reçut, comme on le sait, de Feuerbach lors de ses années passées à Heidelberg – n'était certes en rien

1. Le village de Seldwyla est celui de *Roméo et Juliette au village* (traduit de l'allemand par Armand Robin, Lausanne, L'Âge d'Homme, 1990), l'une des nouvelles les plus célèbres de Keller. Il donne également son nom au cycle *Les Gens de Seldwyla* (traduit de l'allemand par Alzir Hella et Olivier Bournac, Paris, Stock, 1928).

subversif. C'était plutôt celui d'une bourgeoisie forte, triomphante. Mais non encore engagée sur la voie de l'impérialisme. La fondation du Reich est aussi synonyme, sur le plan idéologique, de rupture dans l'histoire de la bourgeoisie allemande. Le matérialisme – celui des philistins comme celui des poètes – disparaît. La Suisse est le pays qui – je pense ici à ses couches supérieures – a le plus longtemps conservé les traits de la bourgeoisie préimpérialiste. (Et c'est encore aujourd'hui le cas : il lui manque donc le savoir-vivre des spéculateurs, qui a permis aux États impérialistes de reconnaître juridiquement le pouvoir des Soviets.) Le caractère suisse a peut-être aussi nourri en lui-même, plus que tout autre, l'amour du foyer et, inversement, nourri moins que tout autre l'esprit nationaliste. À la fin de la vie de Keller, les claires mises en garde de Nietzsche retentirent de Bâle contre l'esprit du nouveau Reich[1]. Et Keller qui, durant sa période munichoise, s'était agacé des pressions familiales visant à le convaincre d'exercer un métier manuel d'appoint, incarne une classe qui n'avait alors pas encore entièrement coupé ce qui la rattachait au processus de la production artisanale. Il est étonnant de voir avec quelle obstination les patriciens

1. Avec Stifter, Gottfried Keller était le romancier contemporain de langue allemande préféré de Nietzsche. Celui-ci lui rendra visite à Zurich et lui enverra ses ouvrages. Voir Jacques Le Rider, *L'Allemagne au temps du réalisme. De l'espoir au désenchantement, 1848-1890*, Paris, Albin Michel, 2008, p. 435-437.

zurichois cherchèrent à faire de cet homme, à force d'années de labeur et de sacrifice, un citoyen estimé et, pour finir, l'un des plus hauts fonctionnaires du canton – son secrétaire d'État. Des années durant, une sorte de société anonyme s'est occupée de former et d'établir Gottfried Keller, et depuis les débuts laborieux de sa carrière il avait fallu encore et encore augmenter ce capital, jusqu'à ce qu'il le rembourse à ses souscripteurs avec intérêts et intérêts cumulés. Lorsqu'il finit par être nommé, du jour au lendemain, secrétaire d'État, cette nouvelle à laquelle personne ne s'était attendu fut glosée dans le détail par les journaux de la ville. Le 20 septembre 1869, la *Zürchersche Freitagszeitung* affirmait ceci : « Il est bien connu que monsieur Keller n'avait, il y a peu encore, une bonne connaissance ni de la politique en général ni de l'administration en détail. [...] Correspondant de différents journaux, il semble toutefois, plus récemment, avoir de temps à autre éprouvé le besoin de critiquer et de moquer la situation politique du canton de Zurich en montrant plus d'esprit et de talent d'écriture que de savoir et d'étude sérieuse des faits. » Cette fonction administrative élevée correspondait à sa nature profondément inhibée, qui trahissait une réserve passionnée. À l'instar de la plupart des grands auteurs de son peuple, l'activité pédagogique lui tenait à cœur, et la possibilité de jouer un rôle de médiateur dans son développement à grande échelle convenait au mieux à sa nature profonde. Sa fonction officielle ne pouvait consister en celle d'un maître mais seulement d'un législateur. (Keller a participé à l'élaboration d'une nouvelle constitution du canton de Zurich.) On dit qu'il s'est montré à la hauteur de sa fonction. Cette tâche, qui supposait de fortes contraintes, a dû achever de l'éloigner du mouvement idéaliste qui se développait alors au sein du Reich. En cela, elle entrait en résonance avec son matérialisme. Il est bien connu que Keller en défendait les thèses, en particulier celle de la finitude intégrale de l'homme entier, non pas comme le ferait un rationaliste qui veut toujours avoir le dernier mot, mais comme le fait un hédoniste passionné bien décidé à ne pas laisser gâcher son rendez-vous avec la vie ici-bas par la perspective d'une autre dans l'au-delà. Son œuvre est le môle de l'esprit bourgeois, devant lequel celui-ci reflue une nouvelle fois, laissant à découvert les trésors de son passé et de tout le passé, avant de se préparer, en raz-de-marée idéaliste, à ravager l'Europe. Il faut en effet bien voir à quel point Keller se montre déjà proche d'une génération condamnée à mort, sclérosée – à quel point un néant de mise en forme langagière, une très obstinée inventivité, obscure à elle-même, font de ses nouvelles des œuvres mystérieusement accomplies, à côté de celles, déchues, d'un Auerbach ou d'un Heyse[1]. Le fait que Thumann, Vautier[2] et quelques autres de

1. Berthold Auerbach (1812-1882), écrivain prolixe et populaire en son temps, était représentatif du réalisme allemand « campagnard ». Paul Heyse (1830-1914), auteur également populaire à cette époque.

2. Friedrich Paul Thumann (1834-1908) et Benjamin Vautier (1829-1898) étaient des peintres et illustrateurs tout aussi reconnus au même moment.

la sorte devaient se voir confier la tâche d'illustrer *Roméo et Juliette au village* est suffisamment éloquent. Mais l'esprit strictement séculier n'est pas devenu chez Keller le prétexte d'une éthique de la conviction propre au libre penseur. Son radicalisme l'en prémunissait. Ses discussions avec Gotthelf en témoignent de la plus étonnante des façons[1]. Qui a du mal à comprendre pourquoi Keller, dans une analyse critique des écrits de Gotthelf, commence par évoquer le prix des livres, n'a qu'à lire cet autre passage : « Aujourd'hui, tout est politique, tout est lié à elle, du cuir de nos semelles à la dernière tuile de notre toit, et la fumée qui s'élève de la cheminée est politique elle aussi, et elle donne des nuages bien compromettants au-dessus des cabanons comme au-dessus des palais, traînant de-ci de-là au-dessus des villes et des villages[2]. » Keller se montre tout particulièrement agacé par la propension de Gotthelf à vouloir édifier à tout prix son lecteur, et on lit alors ces mots étonnants : « Le peuple, particulièrement le paysan, ne connaît que le noir et le blanc, la nuit et le jour, et il ne veut rien savoir d'une pénombre saturée de larmes et de sentiments, où personne ne sait qui est le convive ou le cuisinier. Lorsque la

1. Jeremias Gotthelf, pseudonyme de Albert Bitzius (1797-1854), réaliste symboliste, auteur, entre autres, des *Nouvelles bernoises* et de *L'Âme et l'Argent*. Voir à son sujet Gottfried Keller, « Jeremias Gotthelf », in *Sämtliche Werke*, t. XXI, p. 43-117.

2. Pour un commentaire de ces lignes, voir Georg Lukács, *Balzac et le réalisme français* (1952), traduit de l'allemand par Paul Laveau, Paris, La Découverte-Syros, 1999, p. 12.

religion originelle, celle de ses ancêtres, ne lui suffit plus, il se tourne sans transition vers son contraire exact, car il veut avant tout rester humain et ne peut pas devenir, par exemple, un ange ou un amphibien. »

Le libéralisme de Keller – avec lequel celui d'aujourd'hui a naturellement aussi peu à voir qu'avec n'importe quelle autre attitude existentielle longuement méditée – savait encore très exactement distinguer le requis du répréhensible. Et il paraîtra aberrant de dire que ce furent là les critères du droit bourgeois. Mais il suffit d'y regarder. Sur l'exact modèle de la rupture des liens conjugaux dans *Les Affinités électives*, c'est le non-respect du droit de propriété portant sur un champ qui, dans l'impérissable nouvelle *Roméo et Juliette au village*, vient donner le coup d'envoi d'un destin écrasant. À la fin de sa vie, Keller, en écrivant *Martin Salander*, a brossé le portrait d'une société où des formes d'existence fondées sur le droit bourgeois et d'autres sur l'éthique humaine communiquaient de la façon la plus rigoureuse. Et cela aurait dû lui assurer sa place – quelque part entre Dahn et Marlitt[1] – dans le cœur de tant d'Allemands (mais combien la lui refuseraient ?). Il en serait ainsi allé

1. Felix Dahn (1834-1912), auteur notamment du roman historique *Un combat pour Rome* qui, nous apprend Jacques Le Rider, « fait des Germains en lutte contre la Rome byzantine les précurseurs du combat des libéraux protestants allemands contre l'Église romaine » (*L'Allemagne au temps du réalisme*, *op. cit.*, p. 16). E. Marlitt est le pseudonyme d'Eugenie John (1825-1887), romancière prolifique également très populaire.

pour le mieux. Mais nous arrivons là au seuil d'un « inquiétant » système de grottes et de cavernes mêlant toujours plus imperceptiblement, au fur et à mesure qu'on y pénètre, la rythmique des voix et des opinions bourgeoises aux rythmes cosmiques recueillis dans les profondeurs de la terre – jusqu'à ce que la première soit couverte par les derniers. Si nous cherchions le nom de ce miracle opéré par ce système de grottes et de cavernes, nous le trouverions : c'est l'humour. Le rire plus doux et mélodieux de Keller est chez lui sous les voûtes terrestres, tout autant que celui de Homère sous les célestes. Mais présupposer qu'un grand auteur est forcément un humoriste, c'est toujours s'interdire d'accéder à son œuvre. L'humour de Keller n'est pas plus le vernis d'or enduisant la surface, il lui permet de faire jouer en toute imprévisibilité son être mélancolique-colérique. De là les arabesques bombées de son vocabulaire. Et lorsqu'il fait part de son respect des normes bourgeoises, c'est dans l'univers arbitraire de son intériorité qu'il l'a appris – la honte, l'affect le plus passionné de Keller, se trouvant au fondement de l'un comme de l'autre. À sa manière, l'humour est un ordre juridique. Il est le monde de l'exécution de la peine sans jugement, où le verdict et la grâce se font entendre dans les rires. C'est de cette prodigieuse réserve que tirent leur éloquence le silence et la poétique de Keller. Du discours, du jugement et de la condamnation, il faisait peu de cas – et moins encore de la condamnation morale ; il suffira ici de lire les derniers mots de cette nouvelle d'amour[1]. En guise de monument à un tel refus, il a érigé Seldwyla sur le versant sud de ces collines et forêts au nord desquelles se situe la ville de Ruechenstein, dont les habitants aimaient organiser « leurs exécutions, bûchers et noyades par beau temps calme », de sorte qu'« il s'y passait toujours quelque chose les beaux jours d'été ». Il ne faisait aucun doute à ses yeux qu'« une ville entière de gens injustes ou inconscients pouvait si nécessaire résister au passage du temps » mais que « trois justes ne pouvaient vivre longtemps sous un même toit sans se prendre aux cheveux[2] ». Le scepticisme doux, réconfortant, mûri dans l'intense observation, et qui s'empare du spectateur aimant tel un fort arôme d'êtres et de choses – ce scepticisme-là, on ne le trouve dans aucune autre prose. Il est indissociable de la vision du bonheur qu'a réalisé cette prose. En elle – et c'est là la science secrète du romancier qui, seul, rend le bonheur communi-

1. Qu'est *Roméo et Juliette au village*. Keller y fait se déployer la sottise de journaux locaux traitant du suicide des deux amants. Pour une analyse de l'œuvre et de la personne de Keller, s'appuyant par endroits sur le présent texte de Benjamin, voir W. G. Sebald, « La mort s'en vient, le temps s'en va », in *Séjours à la campagne*, traduit de l'allemand par Patrick Charbonneau, Arles, Actes Sud, 2005, p. 93-122.

2. Gottfried Keller, « Les trois justes peigniers », in *D'après nature. Trois nouvelles suisses*, traduit de l'allemand par Charly Clerc, Genève, Connaître, 1951, p. 15-77. C'est sans doute en écoutant Wagner lire des extraits de cette nouvelle que Nietzsche prit conscience de l'importance de Keller. Voir Jacques Le Rider, *L'Allemagne au temps du réalisme*, *op. cit.*, p. 435.

cable –, la plus minuscule cellule du monde aperçue pèse autant que le reste de l'entière réalité. La main qui frappait si bruyamment dans l'auberge ne s'est jamais méprise sur le poids des choses les plus délicates. Répartir en les soupesant avec soin les poids des sons et des choses est encore la tâche de l'allemand de chancellerie qui, de temps à autre, aime à étaler ses circonlocutions. Une cuillérée de soupe dans la main de l'homme honnête vaudra s'il le faut le bénédicité et le salut de l'âme dans la bouche de la canaille. « Martin Salander avait pour habitude, en toutes circonstances de son existence, pourvu qu'il y eût une soupe, et dès qu'elle était dans son assiette, de ne jamais retarder le plaisir de la consommer[1]. »

L'œuvre de Keller est édifiée sur des fondements tout à fait étrangers au romantisme, et rien ne le montre plus clairement que la sensibilité non sentimentale, épique de son théâtre. De façon tout à fait heureuse, Conrad Ferdinand Meyer en a le pressentiment tandis qu'il s'adresse à l'écrivain, au mois de juillet 1889, à l'occasion de son soixante-dixième anniversaire, recourant alors à une formule aux accents presque bibliques : « Puisque vous aimez la terre, la terre vous retiendra aussi longtemps que possible. » L'athéisme hédoniste de Keller ne lui permet pas de décorer « la nature des sarments de la foi chrétienne », comme le faisait Gotthelf. « Celle qui lui apporte le plus de fruits,

1. Gottfried Keller, *Martin Salander*, *op. cit.* Dans notre traduction.

qui le perturbe et le préoccupe le moins, est pour lui la plus belle. » C'est à propos de l'ancien Latin que Hehn écrit ces mots, et ceux-ci s'appliquent tout autant à Keller[1]. L'interprétation de la nature et l'office du dimanche ne sont pas son affaire. Le paysage avec ses forces n'intervient qu'activement dans l'économie de l'existence humaine. Les événements s'en voient donner un aspect antique. Les peintres et les poètes des débuts de la Renaissance ont souvent cru représenter l'Antiquité et pourtant ils ne décrivaient que leur temps. Pour Keller il en va presque à l'inverse. Il pensait rendre son époque et il restituait en elle l'Antiquité. Mais il en va des expériences de l'humanité – et l'Antiquité est une expérience de l'humanité – comme de celles de l'individu. La loi de leur forme est une loi de l'atrophie, son laconisme n'est pas celui de la sagacité mais celui de la sécheresse racornie des vieux fruits, des vieux visages humains. La tête orphique prophétique s'est atrophiée, jusqu'à se transformer en une tête de poupée creuse, dans laquelle peut s'entendre le bourdonnement de la mouche qui y est retenue prisonnière – une tête que l'on trouve dans l'une des nouvelles de Keller[2]. Les écrits de Keller sont remplis à ras bord de cette Antiquité à la fois authentique et atrophiée. Sa terre s'est rétractée en une « Suisse homérique », elle est le paysage dans lequel il puise ses paraboles. « Elle réalisa

---

1. Victor Hehn (1813-1890), historien russe-allemand et éminent spécialiste de l'Italie.

2. Dans *Roméo et Juliette au village*, *op. cit.*, p. 16-19.

qu'elle n'avait plus d'église pour le moment et elle se sentit, en femme guidée par la force de l'habitude, comme une abeille perdue par une froide nuit d'automne au-dessus des flots d'une mer s'étendant à perte de vue[1]. » Une nostalgie des temps lointains résonne dans la douleur qu'inspire à Keller sa patrie suisse. Une moitié de sa vie durant, la Suisse a été pour lui une image lointaine, comme Ithaque l'avait été pour l'Odyssée. Et lorsqu'il retourna au foyer, les Alpes, où il ne s'était jamais rendu, n'en restèrent pas moins des images lointaines. *L'Odyssée* était l'œuvre la plus aimée de l'écrivain qui, lorsqu'il s'était adonné dans sa jeunesse à la peinture, avait vu ses études d'après nature toujours et encore parasitées par une fantastique paraphrase du paysage natal.

La phrase de Keller laisse transparaître cet esprit-là, cette imprégnation du dix-neuvième siècle par l'Antiquité. Certes, son travail sur la forme langagière laisse transparaître des inhibitions ; il lui arrivait de prendre peur en se lisant. L'appareil critique de ces Œuvres complètes permet de constater à quel point ce fut surtout le souci de se conformer aux mœurs langagières, à la correction grammaticale, qui le poussa – bien plus souvent que l'aspiration à une forme poétique plus élaborée – à améliorer ses textes. Connaître désormais les passages écartés par lui est donc chose d'autant plus

1. Dans « Le rire perdu » [« Das verlorene Lachen »], section III. Cette nouvelle clôt le cycle *Les Gens de Seldwyla*, *op. cit.*

essentielle. Mais, même si nous ignorions cela, le vocabulaire et l'usage des mots témoignent à chaque phrase d'un impact de l'esprit baroque sur son monde fabuleux si personnel et simple à la fois. Sa prose doit sa forme unique au fait qu'aucun Allemand depuis Grimmelshausen[1] n'a su aussi bien que lui les marges de la langue, qu'aucun n'a manié comme lui, avec une liberté comparable, le mot dialectal le plus originel et le terme étranger le plus neuf. Le trésor langagier des dialectes est la petite monnaie qui circule dans les différentes frappes qui lui ont été données au fil des siècles. Et lorsque le poète souhaite donner expression avec ses mots à une intuition particulièrement intime et délicate, il a instinctivement recours à ce trésor hérité. Il a su faire preuve ici d'autant de largesse que sa sœur montrait d'avarice dans la gestion de son patrimoine – cette Regula, dont il put dire que « pour ce qui est du type vieille fille, elle s'était hélas retrouvée du côté le plus regrettable de cette corporation ». En revanche, dans sa prose, le mot étranger est pour ainsi dire la lettre de change, un document précaire, venu de loin, qu'il manie avec prudence et nervosité. D'ailleurs, c'est dans sa correspondance qu'il les insère de préférence[2]. Il ne fait aucun doute, au

1. Hans Jacob von Grimmelshausen, *Les Aventures de Simplicissimus* (1668), traduit de l'allemand par Jean Amsler, Paris, Fayard, 1990.

2. Pour d'autres très belles lignes consacrées par Benjamin à ce « grand épistolier » que fut Keller – et pour une lettre de Keller à Theodor Storm offrant un portrait pour le moins acide de Regula Keller –, voir Walter Benjamin, *Allemands.*

regard de celle-ci, que le plus beau et le plus essentiel, cet écrivain l'a donné, plus que d'autres, au fil de la plume – raison pour laquelle il se pensait de moins en moins capable de qualité littéraire et de plus en plus voué à la quantité. Et c'est pourquoi il a si souvent cédé aussi à « sa majesté la Paresse ». Il ne considérait absolument pas qu'il y avait beaucoup de choses à dire ; mais sa main au travail témoigna d'un besoin de communiquer, dont il n'aurait jamais fait part oralement. « Il fait très froid aujourd'hui ; le jardinet tremblote derrière la fenêtre : sept cent soixante-deux boutons de roses en rentrent presque dans leurs tiges[1]. » De tels passages, où se laisse discerner un léger grain de non-sens (dont Goethe put dire un jour qu'il est indispensable en poésie), témoignent de la façon la plus évidente du caractère tout à fait imprévisible de sa production, qui a déterminé l'histoire éditoriale de ses œuvres.

Ce dont les ouvrages de Keller sont de part en part emplis, c'est du plaisir sensible non tant de voir que de décrire. La description est un plaisir sensible parce qu'en elle l'objet répond à l'œil du regardeur et parce que toute bonne description saisit le plaisir lié à la rencontre de deux regards

---

Une série de lettres (1936), traduit de l'allemand par Georges-Arthur Goldschmidt, Paris, Éditions de l'Encyclopédie des nuisances, 2012, p. 115-119.

1. Lettre de Keller à Ludmila Assing du 15 mai 1859, in *Briefe und Tagebücher (1830-1861)*, vol. II, E. Ermatinger (éd.), Stuttgart, J. G. Cotta, 1919, p. 438.

qui se cherchaient. La prose descriptive de Keller parvient avec la plus grande maîtrise à entrelacer jusqu'à l'imbrication la plus complète le narratif et le poétique – entrelacement qui est l'apport le plus essentiel que l'allemand doit à l'époque postromantique. Dans presque tous les travaux de l'école romantique, les deux éléments sont dissociés : d'un côté, des œuvres comme *Les Frères de Saint-Sérapion*, de l'autre des romans comme *Godwi*[1]. Chez Keller, ces forces se trouvent à l'équilibre. D'où, dans le comportement le plus quotidien de ses personnages, l'évidence ronde, canonique dont on imagine qu'un Romain la montrait. « Et c'est pour cela même, écrivait Walter Calé – l'un des très rares auteurs à avoir parlé de Keller avec un accent incomparable –, qu'il est souvent absolument impossible de dire quelle "idée" préside à ses récits ; en effet, l'idée reviendrait à se limiter à une signification symbolique élargie bien précise ; or, […] en véritable peintre de la nature, il restitue celle-ci telle qu'elle est, *infinita infinitis modis* : à travers d'innombrables détails significatifs qui, de façon inquiétante, viennent bourgeonner quasiment de toutes parts, sans se laisser forcer par le moindre mot, semblant par là même tout dire et dire le plus profond. » Refléter la réalité ne saurait toutefois, sur le plan théorique, et en aucun cas, constituer la teneur même de l'art. Mais il n'empêche, c'est

1. E.T.A. Hoffmann, *Les Frères de Saint-Sérapion* (1819), t. I-IV, traduit de l'allemand par Albert Béguin et Madeleine Laval, Paris, Phébus, 1981 ; Clemens Brentano, *Godwi* (1800).

néanmoins là une aspiration légitime des grands poètes. Et une telle volonté de refléter la réalité relève même très précisément de la tâche spécifique au romancier. Le geste créateur faisant se déployer le plan de la nature dans toute son ampleur est chez lui aussi originaire que l'est, chez le dramaturge, celui consistant à opérer une sorte de coupe transversale dans la structure des événements, et aussi originaire que l'est, chez le poète lyrique, la concentration infinie de l'existence. Le monde des écrits de Keller est un monde en miroir – y compris en ceci que quelque chose y est fondamentalement retourné cul par-dessus tête, radicalement inversé. Alors que l'élément actif, solide y conserve sa place, s'y montrant apparemment inentamé, le masculin s'y mue imperceptiblement en féminin et le féminin en masculin. Du vivant de Keller, il y eut des lecteurs pour discerner, dans les pâles reflets de son humour, un monde d'apparences leur inspirant une inquiétante étrangeté. Storm[1] lui écrit ceci à propos de la fin de « La pauvre baronne[2] » : « Mais comment diable, maître Gottfried, un poète si délicat et aux si beaux sentiments peut-il dépeindre en s'en délectant – tenez-vous bien – un homme si brutal qu'il en vient à mettre sous les yeux de sa bien-aimée son ancien époux et ses frères, tous affreusement déchus, et cela uniquement pour en

1. Theodor Storm (1817-1888), juriste et écrivain, ami de Möricke et des frères Mommsen.

2. Une nouvelle qui constitue un chapitre de *Das Sinngedicht* (1881).

tirer une joie mauvaise ! » Dans *Le Bailli de Greifensee*[1], il y a quelque chose de vacillant dans cette lumière qui, se voulant gage de réconciliation, vient éclairer une vie manquée ; il y a quelque chose de dément dans le rire du vieil homme. Ce n'est que dans quelques poèmes – mais à quel point achevés ! – que Keller a su filtrer cette lumière douteuse, inconstante.

> Lentement, luisamment, tombait une pluie
> À travers laquelle brillait le soleil couchant ;
> Le voyageur suivait son étroit chemin,
> L'âme assombrie.

C'est d'un tel soleil couchant que sont baignées les images lointaines qu'invoque le poète devant la mort approchant avec sa faux – les invoquant avec un sourire où se laisse deviner le renoncement, dont on ne trouve un équivalent que dans les chants de la houri du *Divan d'Orient et d'Occident*[2] :

> Mais le plus charmant de tous les péchés du poète,
> Celui d'inventer de douces images de femmes
> Telles que n'en accueille point cette terre amère,
> Ne le faites pas payer à qui l'a commis.

---

1. Gottfried Keller, *Le Bailli de Greifensee*, traduit de l'allemand par Henri Chauchoy, Paris, Aubier-Montaigne, 1942.

2. Goethe, *Divan d'Orient et d'Occident* (1819), traduit de l'allemand par Laurent Cassagnau, Paris, Les Belles Lettres, 2012.

Parmi ses créations se trouve Judith, la femme la plus désirée, celle-là même dont il a dit qu'elle était « la figure imaginaire dont aucune réalité ne saurait ternir l'éclat[1] ». Il n'est pas non plus sans importance que, parmi les quelques femmes que Keller a aimées, l'une a fini par perdre la raison et l'autre par s'ôter la vie. Enfin, ces deux vers de l'hymne national suisse, qui caractérisent comme nul autre l'espace visionnaire de Keller – cette rose sur cette plage, la Suisse, qui, parce que le pédant ne peut la cueillir, se révèle être rien moins qu'une ennuyeuse fleur de rhétorique :

> Toi, la plus belle de toutes mes roses fanées
> Parfume encore, veux-tu bien, ma plage déserte !

Le « fond de silencieuse tristesse » qu'il reconnaît est la profondeur du puits où se recueille toujours et encore l'humour. Et pour l'exprimer en termes graphologiques : les étranges formes creuses et ovoïdes de son écriture sont concaves – quoi qu'en disent toutes les enquêtes psychanalytiques –, alors que se montre convexe l'image de ce « repaire de l'affliction » qu'était son for intérieur, l'équivalent intuitif de ses lubies et caprices. L'écrivain a récusé le portrait qu'avait fait de lui Stauffer-Bern[2]. Mais le Keller fatigué, que

---

1. Gottfried Keller, *Henri le Vert*, traduit de l'allemand par Jean-Paul Zimmermann, 2 vol., Lausanne, L'Âge d'Homme, 1987.
2. Karl Stauffer-Bern (1857-1891), peintre suisse.

le graveur sut saisir en profitant d'un moment de relâchement, était le vrai ; l'intériorité sonore, faisant écho, de l'homme fatigué était bien la sienne. « Souvent, lorsque je suis couché ainsi, dans la nuit, confia Keller à Adolf Frey sur son lit de mort, il me semble déjà être un défunt et enterré, au-dessus duquel s'élève un haut édifice mais aussi, en permanence, ces plaintes : je suis en dettes, je porte ma croix *[ich schulde, ich dulde]*[1]. » Mais lorsque, à de rares endroits de l'œuvre, de tels sentiments se laissent discerner, c'est toujours – et cela en dit long – accompagnés de l'image de la femme. Il s'observe sous la figure de la nixe qui, dans la nuit hivernale, parcourt en vain de la main la couche de glace qui l'enferme[2]. « Dans la tristesse », il se reconnaît en la Danaïde :

> Et comme, probablement, la Danaïde lasse
> Plonge le tamis, regarde autour d'elle, curieuse,
> Ainsi je vous regarde, avec précaution,
> Soucieux de voir comment vous vous y prenez.

Même lorsqu'il plaisante – et la plaisanterie, on le sait, est parfois bien proche de la tristesse –, de semblables tournures peuvent jaillir de sa plume. « Je me croirais presque capable, écrit-il de Berlin dans une lettre, de diriger dignement une importante boutique de modiste, et ce, en m'appuyant

1. Sur le sens du mot *Schuld*, voir *supra*, note de la page 60.
2. Figure de la mythologie germanique, la nixe est une nymphe des eaux.

sur l'étude exacte que je fais, durant les entractes, de petites coiffes et collerettes de toutes sortes. » Se risquer maintenant à affirmer, en convoquant de telles images, que la triste sérénité de Keller est redevable du profond équilibre entre féminin et masculin que montrait sa personne, c'est en même temps rendre compte de la physionomie de l'homme. En effet, l'Antiquité ne connaissait pas seulement, parmi les types androgynes, l'hermaphrodite. Les formes charmantes de celui-ci apparaissent tardivement et doivent plus à l'arbitraire romain et alexandrin qu'à la civilisation grecque ancienne elle-même. Or, si l'Antiquité n'a pu développer un type androgyne affirmé à partir de spéculations physiognomoniques, si l'Aphroditos – l'Aphrodite barbue – est donc une image cultuelle, de même que revêtait une valeur cultuelle la coutume chez les femmes d'Argos consistant à se grimer d'une barbe lors de la nuit de noces, la représentation de telles têtes nous fait alors approcher comme aucune autre celle de ce poète.

Le monde intérieur dans lequel le contemplateur, citoyen et homme politique suisse faisait s'écouler le réel sur des flots de bon vin n'était en rien le petit cabinet de travail ensoleillé de saint Jérôme mais un espace de charme accueillant, encerclées par les deux insidieux courants de la vie, de toujours nouvelles visions. Son « Livre des rêves » est un recueil de telles visions. Dans ses écrits, celles-ci s'intriquent étroitement telles des armoiries. Un élément d'héraldique est ici à l'œuvre dans l'écriture. Les mots y sont souvent composés avec un entêtement si baroque, de même qu'un blason assemble les choses par moitiés. On trouve dans une lettre des dernières années, écrite afin de remercier de l'envoi d'un coussin brodé, les lignes suivantes : « S'il m'est presque difficile d'accepter [...] ce présent dû à vos très artistes mains, qui ont si bien œuvré à faire une si belle place à ces deux initiales, c'est sans doute parce que celles-ci ne tiendront plus très longtemps ensemble. » Une dernière fois, les emblèmes de l'État bourgeois viennent dans son œuvre, ce livre héraldique des cantons, se rassembler de façon fort élaborée. Jeune homme, il avait composé le poème suivant :

Laissez le mythe, les Nibelungen, la Bible.
Les vieux rêves sont suffisamment interprétés,
L'antique dragon suffisamment écorché.
Peignez désormais la liberté d'un imagier !

Et c'est bien là le sort de ses écrits. Ils ont paru à une époque qui commençait à désapprendre leur langue et où les filles de la Suisse – en lesquelles son regard découvrait en même temps Hélène et Lucrèce – commençaient, tournées comme elles l'étaient désormais vers cette même Amérique qu'il avait si souvent évoquée de si romanesque façon, à apprendre la comptabilité.

Sur Scheerbart

Paul Scheerbart avait déjà publié une vingtaine de volumes lorsque, un beau matin d'août 1914, on put lire de lui un article dans le *Zeitecho* – hebdomadaire que les artistes et les écrivains allemands s'étaient empressés de fonder pour agrémenter de l'élan de leur plume ou de leur pinceau les assauts des soldats allemands. Cet article qui allait à l'encontre du courant était toutefois de tournure assez savante pour échapper à la censure. En voici le début tel qu'il s'est gravé dans ma mémoire : « Et que je proteste d'abord contre l'expression "guerre mondiale". Je suis certain qu'aucun astre, si proche soit-il, n'ira se mêler de l'affaire où nous sommes impliqués. Tout porte à croire qu'une paix profonde ne cesse de planer sur l'univers stellaire. »

Les livres de Scheerbart n'ont guère plus retenu l'attention du public que cette phrase celle de la censure. Il n'y a à cela rien que de naturel. L'œuvre de ce poète est tout empreinte d'une idée qui était on ne peut plus étrangère aux idées qui prévalaient.

Cette idée – cette image, plutôt – était celle d'une humanité qui se serait mise au diapason de sa technique, qui s'en serait servie humainement. À un tel état de choses Scheerbart crut voir deux conditions essentielles, à savoir : que les hommes sortent de l'opinion basse et grossière qu'ils sont appelés à « exploiter » les forces de la nature ; que, par contre, ils demeurent convaincus que la technique, tout en libérant les humains, libérerait fraternellement par eux la création entière.

Voyons le plus important de ses romans, intitulé *Lesabéndio.* L'action se passe sur un astéroïde nommé Pallas. Les êtres qui le peuplent n'ont pas de sexe. Les Pallasiens « nouveau-nés » se trouvent, enfermés dans des coquilles de noix, dans les entrailles de leur astre. Les premiers sons qu'ils laisseront échapper à l'apparition de la lumière formeront leurs noms propres ; tels Biba, Bombimba, Labu, Sofanti, Lesabéndio. Le Pallas est petit ; deux vastes entonnoirs se trouvent sur son côté, nord et son côté sud. C'est à leur intérieur que s'abritent les quelques centaines de milliers d'habitants. Les Pallasiens s'attachent à embellir leur astre ; ils en modulent les surfaces, le dotant pour ainsi dire de « sites » en formes cristallines ou autres. Vient Lesabéndio qui a l'idée d'élever une tour au-dessus de l'entonnoir septentrional (qui communique par un tunnel avec l'entonnoir du sud). À l'origine cette construction n'a pas de destination précise. On ne s'apercevra que bien plus tard à quoi elle devra servir. (Ainsi la tour d'Eiffel a trouvé son affectation actuelle une trentaine d'années après son érection.) La tour de Lesabéndio devra réunir le torse de l'astéroïde à sa partie capitale qui plane, sous forme d'un nuage lumineux, au-dessus de lui. Mais cette *restitutio in integrum* du Pallas ne pourra réussir qu'au prix que Lesabéndio accepte de se dissoudre dans le corps de son astre même. Tandis qu'auparavant les gens du Pallas ont connu une mort exempte de douleur en se dissolvant dans le corps d'un de leurs cadets, ils vont, désormais, épouser la douleur grâce à Lesabéndio qui, par sa fin, devra être le premier à l'éprouver. La tour, augmentant en hauteur de jour en jour par le zèle des Pallasiens, apportera des changements dans l'ordre stellaire. En même temps, la dissolution de son architecte dans son astre commencera à changer le rythme de celui-ci. Il se réveillera à une vie nouvelle, toute tournée vers ses astres frères. Il ne rêvera plus que de former, uni à eux, un chaînon dans l'anneau des astéroïdes qui devra, un jour, ceindre le Soleil.

La grande trouvaille de Scheerbart aura été de faire plaider par les astres auprès des humains la cause de la création. On l'avait déjà entendu plaider par la voix des bêtes. Mais qu'un poète fasse des astres les porte-parole de la création, cela témoigne d'un sentiment très puissant. Cela prouve du reste à quel point cet auteur avait réussi à se dépouiller des scories de la sentimentalité. Son style en fait foi. Il a la fraîcheur des joues de nourrisson. Il est, en même temps, d'une transparence telle qu'on comprend que Scheerbart ait été le premier à saluer l'architecture en verre qu'on devait, après sa mort, bannir, comme subversive, de son pays.

La sérénité doucement émerveillée avec laquelle l'auteur relate les étranges lois naturelles des autres mondes, les grands travaux cosmiques qu'on y entreprend, les entretiens noblement naïfs de leurs habitants font de lui un de ces humoristes qui, tels Lichtenberg ou Jean Paul, ne semblent jamais oublier que la Terre est un astre. En relatant les hauts faits de la création il paraît parfois un frère jumeau de Fourier. Il y a dans les fantaisies extravagantes sur le monde des Harmoniens autant de raillerie à l'adresse de l'humanité actuelle que de foi en une humanité future. C'est, chez le poète allemand, le même dosage. Il est peu vraisemblable que l'utopiste allemand ait connu l'œuvre de l'utopiste français. Mais l'image de la planète Mercure enseignant leur langue natale aux Harmoniens eût été bien faite pour ravir Paul Scheerbart.

ANNEXE

Le caractère fétiche de la marchandise et son secret

par Karl Marx

Une marchandise semble à première vue une chose triviale, allant de soi. Notre analyse montre qu'elle est une chose très complexe, invitant à d'infinies arguties métaphysiques et chicanes théologiques. Tant que nous nous en tenons à sa valeur d'usage, elle ne montre rien de particulièrement mystérieux, soit qu'elle satisfasse les besoins humains à travers ses qualités, soit que ses qualités résultent avant tout du travail humain. Il est évident que l'homme transforme à travers son activité les formes du tissu même de la nature, de manière qu'elles lui deviennent utiles. La forme du bois, par exemple, sera transformée lorsqu'on en fera une table. Néanmoins la table reste bois, une chose ordinaire immédiatement saisissable. Mais, dès qu'elle se présente comme marchandise, elle se transforme en une chose aussi saisissable qu'insaisissable. Elle ne se tient pas seulement là, avec ses pieds, sur le sol, mais joue pour ainsi dire des coudes afin de se distinguer de toutes les autres marchandises, se livrant dès lors à des lubies bien plus étranges que si elle s'était mise à danser de sa propre initiative[1].

Le caractère mystique de la marchandise ne découle donc pas de sa valeur d'usage. Il découle tout aussi peu de la teneur des éléments déterminant sa valeur. En effet, tout d'abord, si divers que puissent être les travaux utiles ou les activités productives, c'est une vérité physiologique qu'ils sont des fonctions de l'organisme humain et que toute fonction de ce type, quels que soient son contenu et sa forme, est toujours essentiellement une dépense du cerveau humain, des nerfs et muscles humains, des organes sensoriels humains. Deuxièmement, pour ce qui est de la détermination de la quantité de la valeur, de la durée temporelle de cette dépense ou de la quantité de travail, il se constate, et même avec grande évidence, que la quantité de travail se distingue de sa qualité. Dans toutes les configurations sociales, le temps de travail nécessaire à la production des moyens de subsistance a toujours été une source de préoc-

1. On se souvient que la Chine et les tables ont commencé à danser à un moment où le reste du monde semblait dans son entier se tenir immobile – *pour encourager les autres*. [En français dans le texte original. Allusion aux mouvements de révolte – notamment celui des Taï-ping – qui avaient éclaté au milieu du XIXe siècle en Chine méridionale. Quant aux tables qui dansent, il faut y voir une allusion ironique aux pratiques spiritistes en vigueur en Europe, et notamment en France, à la même époque. *(N.d.T.)*].

cupation pour l'homme, même s'il l'a été à chaque fois de façon différente en fonction des divers degrés d'évolution[1]. Enfin, dès que les hommes travaillent les uns pour les autres, d'une manière ou d'une autre, leur travail en vient à revêtir aussi une forme sociale.

D'où provient donc le caractère énigmatique du produit du travail dès lors qu'il adopte une forme de marchandise ? À l'évidence, de cette forme même. L'égalité des travaux humains revêt la forme effective de la même objectivité de valeur des produits du travail ; la mesure de la dépense de la force de travail humaine par sa durée adopte la forme de la grandeur de valeur des produits du travail ; enfin, les rapports des producteurs, dans le cadre desquels sont à l'œuvre les déterminants sociaux de leurs travaux, adoptent, eux, la forme d'un rapport social des produits du travail.

Le mystérieux de la forme marchandise consiste donc simplement en ceci qu'elle reflète pour les hommes les caractères sociaux de leur propre travail en tant que qualités objectives des produits du travail eux-mêmes, en tant que qualités sociales naturelles de ces choses, et donc aussi le rapport

1. *[Note à la deuxième édition :]* Chez les anciens Germains, la grandeur d'un arpent de terre était calculée à l'aune du travail d'un jour, ce qui explique le nom qui lui est donné en allemand : *Tagewerk* (mais aussi *Tagwanne*) (*jurnale* ou *jurnalis*, *terra jurnalis*, *jornalis* ou *diurnalis*), *Mannewerk*, *Mannskraft*, *Mannsmaad*, *Mannshauet*, etc. Voir Georg Ludwig von Maurer, *Einleitung zur Geschichte der Mark-, Hof-, usw. Verfassung*, Munich, 1854, p. 129 et suivantes.

social des producteurs au travail global en tant qu'un rapport social des objets leur étant extérieur. C'est en raison de ce malentendu que les produits du travail deviennent des marchandises, des choses accessibles aux sens ou leur échappant, ou des choses sociales. C'est ainsi que l'impression lumineuse d'une chose sur le nerf optique ne se représente pas comme une stimulation subjective du nerf optique lui-même mais comme une forme objective d'une chose se situant à l'extérieur de l'œil. Mais, dans l'acte de voir, la lumière est réellement projetée d'une chose, de l'objet extérieur, sur une autre chose, l'œil. C'est là un rapport physique entre choses physiques. En revanche, la forme marchandise et le rapport de valeur des produits du travail en lequel elle se manifeste n'ont absolument rien à voir ni avec leur nature physique ni avec les rapports réels en découlant. C'est là seulement le rapport social déterminé des hommes entre eux, lequel revêt ici pour eux la forme fantasmagorique d'un rapport des choses entre elles. Pour trouver une analogie avec cela, il nous faut gagner la région nébuleuse de l'univers religieux. Ici, les produits du cerveau humain semblent investis d'une vie leur appartenant en propre, des formes autonomes entretenant des rapports entre elles de même qu'avec les hommes. Ainsi des produits de la main de l'homme dans le monde des marchandises. C'est ce que j'appelle le fétichisme qui est attaché aux produits du travail dès que ceux-ci sont produits en tant que marchandises – un fétichisme qui, pour cette raison même, est inséparable de la production de marchandises.

Ce caractère fétiche du monde de la marchandise découle, comme l'a déjà montré l'analyse qui précède, du singulier caractère social du travail, lequel produit les marchandises.

Les objets d'usage ne deviennent en règle générale des marchandises que parce qu'ils sont les produits de travaux privés entrepris indépendamment les uns des autres. L'ensemble de ces travaux privés constitue le travail social global. Étant donné que les producteurs n'entrent socialement en contact qu'à travers l'échange des produits de leur travail, les traits spécifiquement sociaux de leurs travaux privés se manifestent également d'abord dans le seul cadre de ces échanges. Ou alors les travaux privés ne sont dans les faits menés à bien en tant que composantes du travail social global qu'à travers les rapports instaurés par les échanges des produits du travail et, ceux-ci faisant ici œuvre de médiation, les échanges entre producteurs. Aux yeux de ces derniers, les rapports sociaux de leurs travaux privés semblent pour cette raison même être ce qu'ils sont, c'est-à-dire non pas des rapports sociaux immédiats entre personnes dans leurs travaux mêmes mais plutôt des rapports chosifiés entre personnes et des rapports sociaux entre choses.

Ce n'est que dans le cadre de leur échange que les produits du travail en viennent à acquérir une même objectivité de valeur sur le plan social, distincte de leur objectivité d'usage, dont l'estimation est toujours fort subjective. Cette scission du produit du travail en chose utile et en chose de valeur n'est à l'œuvre en pratique qu'à partir du moment où l'échange a acquis suffisamment d'ampleur et d'importance pour que soient produites pour lui des choses utiles, le caractère de valeur de ces choses étant dès lors déjà pris en considération dans leur production même. Dès ce moment, les travaux privés des producteurs acquièrent effectivement un double caractère social. D'une part, ils doivent, en tant que travaux utiles bien déterminés, satisfaire un besoin social bien déterminé, et donc s'imposer en tant que composantes du travail global, du système de division sociale du travail – un système qui s'est développé dans une continuité directe avec ce qu'il avait été au départ. D'autre part, ils ne satisfont les très divers besoins de leurs propres producteurs que dans la mesure où chaque travail privé utile bien particulier est susceptible d'être échangé avec chaque autre, et donc considéré comme lui étant égal. L'égalité de travaux différant entièrement ne peut consister qu'en une abstraction de leur inégalité réelle, qu'en la réduction au caractère commun qui est le leur en tant que dépense d'une force de travail humaine, d'un travail humain abstrait. Les cerveaux des producteurs privés ne réfléchissent ce double caractère social de leurs travaux privés que dans les formes que leur imprime le commerce pratique, l'échange des produits. Ils ne réfléchissent le caractère socialement utile de leurs travaux privés que dans la forme qui permettra au produit de leur travail d'être utile, à savoir de l'être pour autrui. Et ils ne réfléchissent le caractère social de l'égalité de travaux de différents types que dans la forme du caractère de valeur commun de ces choses très différentes sur le plan matériel que sont les produits du travail.

Si les hommes ne perçoivent donc pas les produits de leurs travaux respectifs comme des valeurs, c'est parce que ces choses leur apparaissent comme des enveloppes purement chosales recouvrant un travail humain de même type. Et inversement. En considérant dans l'échange leurs produits de différents types comme étant d'une valeur égale, ils placent sur un même plan leurs divers travaux respectifs en tant que travail humain. Ils ne le savent pas, mais c'est ce qu'ils font[1]. La valeur ne porte donc pas écrit bien en évidence sur elle ce qu'elle est. La valeur fait plutôt de chaque produit du travail un hiéroglyphe social. Plus tard, les hommes cherchent à déchiffrer le sens du hiéroglyphe, à percer le secret de leur propre produit social, car le fait que les objets d'usage en viennent à être considérés comme des valeurs est leur produit social, tout autant que le langage. La découverte scientifique ultérieure que

1. *[Note à la deuxième édition :]* Lorsque Galiani disait donc : « La valeur est un rapport entre deux personnes » (« La Ricchezza è una ragione tra due persone »), il aurait été bien inspiré d'ajouter : un rapport caché sous l'enveloppe des choses. (Galiani, *Della Moneta*, p. 221, t. III du recueil de Custodi des *Scrittori Classici Italiani di Economia Politica*, Parte Moderna, Milan, 1803.)

les produits du travail, pour autant qu'ils sont des valeurs, sont l'expression pure et simple du travail humain dépensé dans leur production fait époque dans l'histoire de l'évolution humaine, mais elle ne lève en rien le voile de l'apparence d'objet du caractère social du travail. Le fait que le caractère spécifiquement social de travaux privés menés indépendamment les uns des autres consiste en leur égalité en tant que travail humain et revêt la forme du caractère de valeur des produits du travail, ce fait-là, donc, pour l'homme enferré dans les rapports de la production de marchandises, semble – avant comme après cette découverte – tout aussi définitif que l'air qu'il respire, dont la décomposition scientifique des éléments chimiques n'a en rien altéré la forme physicaliste. Mais ce fait ne se vérifie que pour cette forme de production particulière qu'est la production de marchandises.

Ce qui intéresse avant tout sur le plan pratique ceux qui échangent leurs produits, c'est la question de savoir combien ils obtiendront en échangeant leur propre produit contre un autre, dans quelles proportions s'échangent donc les produits. Dès que ces proportions atteignent une certaine fixité habituelle, elles semblent découler de la nature des produits du travail, de sorte, par exemple, qu'une tonne de fer et deux onces d'or sont équivalentes, de la même façon qu'une livre d'or et une livre de fer s'avèrent également lourdes en dépit de leurs qualités physicalistes et chimiques différentes. En fait, le caractère de valeur des produits du travail ne s'établit fermement qu'à partir du moment où ceux-ci œuvrent en tant que grandeurs de valeur. Celles-ci changent constamment, indépendamment de la volonté, du savoir préalable et de l'activité des protagonistes de l'échange. Leur propre commerce social adopte à leurs yeux la forme d'un mouvement des choses qui en vient à les contrôler, bien plus que d'être contrôlé par eux. La production de marchandises a besoin d'être pleinement développée pour que se dégage de l'expérience elle-même l'aperçu scientifique suivant : c'est que les travaux privés partout menés à bien indépendamment les uns des autres, en tant que composantes de la division sociale du travail – se développant dans une continuité directe avec ce qu'elles ont été –, sont constamment ramenés à leur mesure proportionnelle sur le plan social ; et cela parce que, dans les rapports d'échange contingents et en permanence instables de leurs produits, le temps de travail socialement nécessaire à leur production s'impose de force en tant qu'une loi de la nature régulatrice, de même que, par exemple, la loi de la pesanteur s'impose par son évidence à quiconque prend le toit de sa maison sur la tête[1]. La détermination de la grandeur de valeur à travers

1. « Que penser d'une loi qui ne peut être appliquée qu'à travers des révolutions périodiques ? C'est là, tout simplement, une loi naturelle qui ne doit son existence qu'à l'inconscience de ceux qui la subissent. » (Friedrich Engels, « Umrisse zu einer Kritik der Nationalökonomie », in *Deutsch-Französische Jahrbücher*, Arnold Ruge et Karl Marx (dir.), Paris, 1844, p. 103.)

le temps de travail est donc un secret dissimulé sous les mouvements apparents des valeurs relatives des marchandises. Sa révélation lève l'apparence d'une détermination purement contingente des grandeurs de valeur des produits du travail, mais en rien leur forme chosale.

La réflexion sur les formes de la vie humaine, et donc aussi leur analyse scientifique, emprunte une voie tout à fait contraire à l'évolution réelle. Elle débute après coup et, pour cette raison même, en disposant des résultats finis du processus d'évolution. Les formes qui impriment au produit du travail le cachet de marchandises et qui, pour cela même, président à la circulation des marchandises, possèdent déjà la fixité des formes naturelles de la vie sociale, avant même que les hommes cherchent à maîtriser non le caractère historique de ces formes – qu'ils considèrent plutôt déjà comme immuables – mais leur teneur. C'est donc la seule analyse du prix des marchandises qui a conduit à la détermination de la grandeur de valeur ; c'est la seule expression monétaire des marchandises du fait de la collectivité qui a conduit à la fixation de leur caractère de valeur. Mais c'est précisément cette forme finie – la forme argent – du monde des marchandises qui, loin de le dévoiler, vient objectivement voiler le caractère social des travaux privés et, pour cela même, les rapports sociaux des travailleurs privés. Quand je dis qu'une veste, des bottes ou d'autres choses encore se rapportent à la toile comme à l'incarnation universelle d'un travail humain abstrait, l'insensé de cette expression saute aux yeux. Mais quand les producteurs de la veste et des bottes rapportent ces marchandises à la toile – ou à l'or et à l'argent, ce qui revient à la même chose – comme à un équivalent universel, le rapport de leurs travaux privés au travail social global leur apparaît exactement dans cette forme insensée.

Ce sont ces formes qui constituent précisément les catégories de pensée de l'économie bourgeoise. Ce sont là des formes de pensée en vigueur dans la société et qui peuvent donc se prévaloir d'une existence objective – des formes de pensée pour les rapports de production de ce mode de production social historiquement bien déterminé qu'est la production de marchandises. Tout le mysticisme propre au monde des marchandises, tous les sortilèges et toutes les opérations magiques qui lui sont propres et qui viennent interdire une bonne compréhension des produits du travail à partir de la production de marchandises se volatilisent dès que nous nous tournons vers d'autres formes de production.

L'économie politique aimant les robinsonnades[1], intéressons-nous tout d'abord à Robinson

1. Ricardo a lui aussi sa robinsonnade. Le pêcheur et le chasseur primitifs échangent à ses yeux poisson et gibier en tant que possesseurs de marchandises, en se fondant sur le temps de travail qui est objectivé dans cette valeur d'échange. Procédant ainsi, il ne peut éviter l'anachronisme suivant : c'est que son pêcheur et son chasseur primitifs partent consulter, afin d'évaluer leurs instruments de travail respectifs, les tableaux d'annuités en vigueur à la Bourse de Londres en 1817. Les

sur son île. Modeste, comme il l'est de naissance, il n'en a pas moins divers besoins à satisfaire et doit pour cette raison mener à bien des travaux utiles de différentes sortes : se faire des outils, fabriquer des meubles, apprivoiser des lamas, pêcher, chasser, etc. De ses prières et autres marottes nous ne parlerons pas ici dans la mesure où notre Robinson y trouve son plaisir et considère une telle activité comme de l'ordre de la détente. En dépit de la grande diversité de ses fonctions productives, il sait qu'elles ne sont que les diverses formes d'activités de ce même Robinson, et qu'elles ne sont donc que divers modes du travail humain. La nécessité même le contraint à partager exactement son temps entre ses diverses fonctions. La place plus ou moins grande occupée par chacune dans son activité entière dépend de la plus ou moins grande difficulté qu'il rencontre à obtenir l'effet utile recherché. C'est l'expérience qui lui enseigne cela et notre Robinson, qui a sauvé du naufrage montre, grand livre, encre et plume ne tarde point, en bon Anglais qu'il est, à coucher sur le papier son quotidien. Son inventaire comprend une liste des objets d'usage qu'il possède, des différentes tâches exigées par leur production et évoque enfin le temps de travail que nécessitent en moyenne, selon des quantités bien déterminées, ces divers produits. Tous les rapports entre Robinson

---

« parallélogrammes de M. Owen » semblent être la seule forme de société qu'il connaisse en dehors de la société bourgeoise. [Note à la deuxième édition, tirée de la *Critique (N.d.T.)*.]

et les choses qui constituent la fortune qu'il s'est faite lui-même sont ici si simples et évidents que même monsieur Wirth[1] pourrait les comprendre sans effort intellectuel particulier. Pourtant toutes les déterminations essentielles de la valeur y sont contenues.

Transportons-nous maintenant de l'île lumineuse de Robinson au Moyen Âge européen le plus sombre. Au lieu de l'homme indépendant, nous rencontrons ici en chaque homme un être dépendant – comme l'étaient tous serf et seigneurs, vassaux et suzerains, laïques et curetons. Une dépendance personnelle caractérise tout autant les rapports sociaux de la production matérielle que les sphères de la vie qui sont édifiées sur elles. Mais c'est précisément parce que les rapports de dépendance personnelle sont au fondement de la société que les travaux et les produits n'ont en rien besoin d'adopter une forme fantastique différente de leur réalité. Ils intègrent la machinerie sociale en tant que services en nature, prestations en nature. La forme naturelle du travail, sa spécificité et non sa généralité comme dans la production de marchandises, est ici sa forme immédiatement sociale. Le travail d'intérêt général est mesuré à travers le temps qu'il requiert, tout aussi bien que le travail qui produit les marchandises, mais tout individu corvéable à merci sait parfaitement qu'il dépense

1. « Le malencontreux Moritz Wirth », tel que put l'évoquer Friedrich Engels. Voir notamment sa lettre à Conrad Schmidt en date du 5 août 1890. *(N.d.T.)*

au service de son maître un quantum bien déterminé de sa force de travail personnelle. La dîme à verser au prêtre est d'une évidence plus grande que la bénédiction du prêtre. Quels que soient nos jugements sur les masques que portent ici les hommes entre eux, les rapports sociaux des personnes dans leurs travaux respectifs semblent en tout cas être leurs propres rapports personnels ; c'est qu'ils ne sont pas déguisés en rapports sociaux des choses, des produits du travail.

Pour étudier le travail commun, c'est-à-dire immédiatement socialisé, il n'est point besoin d'en revenir à la forme de ce même travail telle qu'elle s'est développée dans une continuité directe avec ce qu'elle était à l'origine, au seuil historique de toutes les civilisations[1]. L'activité indus-

1. C'est un préjugé ridicule – un préjugé qui s'est récemment largement répandu – que de croire que la forme de la propriété commune – forme qui s'est développée dans une continuité directe avec ce qu'elle était à l'origine – serait spécifique, et même exclusivement russe. Elle est la forme originaire que nous pouvons déceler chez les Romains, chez les Germains, les Celtes, et dont aujourd'hui encore on peut trouver une carte modèle entière comportant de fort nombreux échantillons, même si en partie à l'état de débris. Une étude plus précise des formes de la propriété indivise en Asie, et spécialement en Inde, montrerait comment les diverses formes de cette propriété indivise, s'étant développées dans une continuité directe avec ce qu'elle était à l'origine, ont donné diverses formes de dissolution de cette même propriété indivise. Pour ne prendre que cet exemple, les divers types originaires de la propriété privée romaine et germanique sont des dérivés directs des diverses formes de la propriété indivise

trieuse campagnarde et patriarcale d'une famille de paysans produisant pour ses propres besoins blé, bétail, lin, toile, pièces de vêtements, etc., constitue un exemple qui nous est bien plus proche. Ces diverses choses se présentent à cette famille comme les différents produits de son travail familial et non comme des marchandises susceptibles d'être échangées entre elles. Les différents travaux à l'origine de ces produits – relevant de l'agriculture, de l'élevage, du filage, du tissage, de la couture, etc. – sont dans leur forme naturelle des fonctions sociales parce qu'ils sont des fonctions de la famille, qui a sa propre division du travail – développée dans une continuité directe avec ce qu'elle était à l'origine – tout autant que la production de marchandises. Les différences de sexe et d'âge de même que les conditions naturelles du travail qui changent avec le passage des ans décident de la répartition du travail au sein de la structure familiale et du temps de travail respectivement assumé par chacun de ses membres. Mais la dépense de la force de travail individuelle mesurée à travers le temps de travail semble être ici, dès l'origine, le caractère social des travaux mêmes, parce que les forces de travail individuelles ne sont dès l'origine effectives qu'en tant qu'organes de la force de travail commune à la famille.

Représentons-nous enfin, pour changer, une association d'hommes libres travaillant avec des

---

indienne. [Note à la deuxième édition, là encore empruntée à la *Critique (N.d.T.)*.]

moyens de production collectifs et dépensant ainsi leur force de travail commune. Nous retrouvons ici toutes les caractéristiques du travail de Robinson, mais seulement au niveau social et non individuel. Tous les produits de Robinson étaient son produit exclusivement personnel et, pour cette raison même, étaient pour lui des objets d'usage immédiat. Le produit entier de l'association est un produit social. Une partie de ce produit sert de nouveau de moyen de production. Elle demeure sociale. Mais une autre partie est consommée par les membres de l'association en tant que moyen de subsistance. Elle doit pour cette raison même être partagée entre eux. Le mode de cette répartition variera en fonction de l'organisme social de production et du degré de développement historique correspondant des producteurs. Présupposons, pour ne faire qu'un parallèle avec la production de marchandises, que la part de chaque producteur aux moyens de subsistance est déterminée par son temps de travail. Celui-ci jouerait donc ici un double rôle. Sa distribution socialement planifiée décide du juste rapport des différentes fonctions du travail aux différents besoins. D'un autre côté, le temps de travail sert dans le même temps à mesurer la part individuelle de chaque producteur au travail commun et, pour cette raison même, sert donc à mesurer aussi la part du produit commun susceptible d'être consommée au niveau individuel. Les rapports sociaux des hommes à leurs travaux et aux produits de leurs travaux demeurent ici transparents, simples, dans la production aussi bien que dans la distribution.

Le christianisme, avec son culte de l'homme abstrait et dans ses nouvelles formes bourgeoises que sont le protestantisme, le déisme, etc., est la forme de religion la plus appropriée pour une société de producteurs de marchandises dont le rapport de production social général consiste pour ces producteurs à se comporter à l'égard de leurs produits comme à l'égard de marchandises, et donc comme à l'égard de valeurs, et à envisager leurs travaux privés respectifs dans cette forme chosale comme un même travail humain[1]. Dans les modes de production de l'Asie ancienne, de l'Antiquité, etc., la métamorphose du produit en marchandise – et donc l'existence des hommes en tant que producteurs de marchandises – joue un rôle secondaire, un rôle qui gagnera néanmoins toujours plus en importance à mesure que les collectivités en question approcheront de leur fin. L'Antiquité n'a connu des peuples marchands que dans ses intermondes, comme les dieux d'Épicure ou comme les juifs dans les pores de la société

---

1. Dans la cinquième section du livre III du *Capital*, Marx écrit : « Le système monétaire est essentiellement catholique [...]. Sous la forme de papier, l'existence monétaire des marchandises est de nature purement sociale. C'est la foi qui sauve : la foi en la valeur monétaire considérée comme l'esprit immanent des marchandises, la foi dans le mode de production et son ordre prédestiné, la foi dans les agents individuels de la production tenus pour de simples personnifications du capital qui croît de lui-même. » *(N.d.T.)*

polonaise. Ces anciens organismes sociaux de production sont extraordinairement plus simples et transparents que les organismes bourgeois de production, mais ils s'appuient ou bien sur l'immaturité de l'homme individuel, qui ne s'est pas encore arraché aux liens naturels le rattachant à autrui, ou bien sur des rapports immédiats de domination et d'esclavage. Ils sont conditionnés par des forces productives du travail médiocrement développées et par les rapports entre hommes correspondants – des rapports dictés par leurs processus matériels de création vitale, entre eux comme à l'égard de la nature.

Cet état de réelle contrainte se reflète sur le plan idéel dans les religions anciennes, qu'elles soient religions de la nature ou religions des peuples. Le reflet religieux du monde réel ne pourra entièrement disparaître que lorsque les conditions du travail et de la vie pratique montreront quotidiennement aux hommes qu'ils entretiennent des rapports transparents et rationnels entre eux comme à l'égard de la nature. La forme des processus de la vie sociale, c'est-à-dire des processus matériels de production, n'échappera au rideau de fumée mystique qui la masque que le jour où des hommes librement socialisés en viendront à contrôler, selon un plan consciemment élaboré, le processus de la vie sociale. Mais il faut pour cela que soient remplies de fort nombreuses conditions d'existence matérielles – une sorte de socle matériel de la société –, qui sont elles-mêmes le produit direct continu d'une longue et fort douloureuse histoire.

L'économie politique a certes analysé la valeur et la grandeur de valeur[1], même si elle ne l'a fait

1. L'insuffisance de l'analyse que Ricardo a donnée de la grandeur de valeur – et c'est là la meilleure – sera évoquée dans les livres III et IV du présent ouvrage *[Le Capital (N.d.T.)]*. Mais, pour ce qui est de la valeur en général, l'économie politique classique ne distingue nulle part, de façon à la fois claire et explicite, le travail tel qu'il est représenté dans la valeur et le même travail en tant qu'il se présente dans la valeur d'usage de son produit. En vérité, elle opère comme naturellement cette distinction dans la mesure où elle envisage le travail tantôt du point de vue quantitatif tantôt du point de vue qualitatif. Mais il ne lui vient pas à l'esprit qu'une différence purement quantitative des travaux présuppose leur unité ou égalité qualitative, et donc leur réduction au travail humain abstrait. Ricardo, par exemple, se déclare d'accord avec Destutt de Tracy lorsque celui-ci dit : « Puisqu'il est certain que nos facultés physiques et morales sont notre seule richesse originaire, que l'emploi de ces facultés, le travail quelconque, est notre seul trésor primitif, et que c'est toujours de cet emploi que naissent toutes les choses que nous appelons des *biens* [...], il est certain de même que tous ces biens ne font que représenter le travail qui leur a donné naissance et que, s'ils ont une valeur, ou même deux distinctes, ils ne peuvent tirer ces valeurs que de celle du travail dont ils émanent. » (Destutt de Tracy, *Éléments d'idéologie*, IVe et V^e^ parties, 1826, p. 35-36. Voir Ricardo, *The Principles of Political Economy*, 3e éd., 1821, p. 334.) Disons seulement que Ricardo attribue à Destutt sa propre réflexion, plus profonde. Certes, Destutt dit en effet que toutes les choses qui constituent la richesse « représentent le travail qui les a créées » et, d'autre part, qu'elles tirent leurs « deux valeurs différentes » (la valeur d'usage et la valeur d'échange) de la « valeur du travail ». Il tombe ainsi dans la platitude de l'économie vulgaire, qui présuppose la valeur d'une marchandise (ici le travail) pour déterminer ensuite la valeur des autres marchandises. Ricardo, le lisant, en déduit

qu'imparfaitement, et elle a découvert la teneur qui était cachée sous cette forme. Mais elle ne s'est jamais demandé pourquoi cette teneur adopte cette forme bien précise, pourquoi le travail se représente donc dans la valeur, et la mesure du travail à travers sa durée dans la grandeur de valeur du produit du travail[1]. Des formes

que le travail (et non la valeur du travail) se représente aussi bien dans la valeur d'usage que dans la valeur d'échange. Mais lui-même discerne si peu le double caractère du travail, qui se représente de cette double façon, qu'il se voit contraint – dans tout le chapitre intitulé « Value and Riches, their Distinctive Properties » – de se débattre péniblement avec les trivialités d'un Jean-Baptiste Say. Aussi est-il à la fin tout à fait surpris de voir Destutt se trouver en parfait accord avec lui-même au sujet du travail en tant que source de valeur et de voir pourtant celui-ci se trouver en même temps en parfait accord avec Say au sujet du concept de valeur.

1. C'est l'une des carences fondamentales de l'économie politique classique de n'avoir jamais réussi à identifier, à partir de son analyse de la marchandise et, plus exactement, de la valeur de cette marchandise, la forme de valeur qui fait justement d'elle une valeur d'échange. Ce sont précisément ses meilleurs représentants, comme Adam Smith et Ricardo, qui traitent la forme valeur comme un paramètre tout à fait indifférent ou tout à fait extérieur à la nature de la marchandise elle-même. La raison n'en est pas seulement qu'elle se consacre exclusivement à analyser la grandeur de valeur. L'explication plus profonde est ailleurs. La forme valeur du produit du travail est la forme la plus abstraite mais aussi la plus générale du mode bourgeois de production, qui revêt par cela même un caractère historique, celui d'un type bien particulier de production sociale. Que l'on commette l'erreur de l'envisager comme la forme naturelle éternelle de la production sociale et l'on perdra nécessairement de vue aussi tout le spécifique de la

montrant spontanément leur appartenance à une période de formation de la société où le processus de production régissait l'homme au lieu d'être régi par lui paraissent à sa conscience bourgeoise être une nécessité de la nature tout aussi évidente que le travail productif lui-même. Pour cette raison, elle traitera les formes prébourgeoises de l'organisme social de production comme, par

forme valeur, et donc de la forme marchandise et – à un degré plus développé encore – de la forme argent, de la forme capital, etc. C'est bien pourquoi on trouve chez des économistes s'accordant parfaitement entre eux pour mesurer la grandeur de valeur à travers le temps de travail les conceptions sur l'argent – c'est-à-dire sur la forme fixe de l'équivalent général – les plus disparates et contradictoires. Une telle chose se constate de façon tout à fait évidente dès qu'il est question, par exemple, des entités bancaires, un sujet qui conduit à rivaliser à n'en plus finir en platitudes et lieux communs visant à définir ce qu'est l'argent. À l'opposé, c'est un néomercantilisme (Ganilh, etc.) qui a fait son apparition, lequel ne voit dans la valeur que la forme sociale ou plutôt seulement son apparence dénuée de substance. Je le souligne une fois pour toutes : j'entends par économie politique classique toute économie qui, à partir de W. Petty, s'efforce d'explorer l'ensemble le plus fondamental des rapports de production bourgeois, par opposition à l'économie vulgaire qui se contente, elle, d'en décrire les apparences, rabâchant continuellement, pour ses propres besoins et ceux de la bourgeoisie, afin de rendre supposément compréhensibles les phénomènes pourtant les plus grossiers, des matériaux déjà fournis de longue date par la science économique, et qui se borne à ériger en système, de façon parfaitement pédante, et à proclamer comme vérités éternelles les conceptions banales et prétentieuses des agents de la production bourgeoise, qui aiment à en peupler leur monde, le meilleur des mondes possible.

exemple, les Pères de l'Église traitaient les religions préchrétiennes[1].

1. « Les économistes ont une singulière manière de procéder. Il n'y a pour eux que deux sortes d'institutions, celles de l'art et celles de la nature. Les institutions de la féodalité sont des institutions artificielles, celles de la bourgeoisie sont des institutions naturelles. Ils ressemblent en ceci aux théologiens, qui, eux aussi, établissent deux sortes de religions. Toute religion qui n'est pas la leur est une invention des hommes, tandis que leur propre religion est une émanation de Dieu. […] Ainsi il y a eu de l'histoire, mais il n'y en a plus. » (Karl Marx, *Misère de la philosophie* [1847], Paris, Payot, coll. « Petite Bibliothèque Payot », 2019, p. 174-175.) Le plus drôle d'entre eux est vraiment M. Bastiat, qui se figure que les Grecs de l'Antiquité et les Romains n'ont jamais vécu que de rapine. Mais si l'on vit de rapine plusieurs siècles durant, c'est qu'il faut bien qu'il y ait constamment quelque chose à voler ou que l'objet du vol se renouvelle constamment. Il semble donc que les Grecs et les Romains disposaient eux aussi d'un processus de production, et donc d'une économie, laquelle constituait le socle matériel de leur monde, de même que l'économie bourgeoise le monde d'aujourd'hui. Ou bien Bastiat pense-t-il, par exemple, qu'un mode de production qui s'appuie sur le travail des esclaves se ramène à un système fondé sur le vol ? Il s'avance alors sur un terrain bien dangereux. Si un géant de la pensée comme Aristote a fait fausse route dans son appréciation du travail des esclaves, pourquoi un nain de l'économie comme Bastiat donnerait-il une juste appréciation du travail salarié ? Je saisis cette occasion pour réfuter brièvement une objection qui m'a été faite par une revue germano-américaine lors de la parution, en 1859, de ma *Critique de l'économie politique*. J'y avance que le mode déterminé de production et les rapports de production lui correspondant à chaque fois, bref « la structure économique de la société », constituent « le socle véritable sur lequel s'élève l'édifice juridique et politique entier et auquel correspondent des formes de conscience sociale bien

L'interminable et insipide dispute sur le rôle de la nature dans la création de la valeur d'échange démontre entre autres à quel point une partie des économistes est induite en erreur par le fétichisme attaché au monde des marchandises ou par l'apparence d'objets des attributs sociaux du travail. Étant donné que la valeur d'échange est une manière sociale bien déterminée de donner expression au travail nécessité par la production d'une chose, elle ne peut pas plus contenir d'éléments matériels relevant du tissu même de la nature que, mettons, le taux de change.

Étant donné que la forme marchandise est la forme la plus générale et la moins élaborée de la

---

déterminées », de telle sorte que « le mode de production de la vie matérielle dicte en règle générale le processus de la vie sociale, politique et intellectuelle ». Selon cette revue, cette idée serait certes juste pour le monde d'aujourd'hui où dominent les intérêts matériels mais ne le serait ni pour le Moyen Âge où régnait le catholicisme ni pour Athènes et Rome où régnait la politique. Tout d'abord, il est étrange qu'il plaise à certains de présupposer que ces expressions bien connues de tous sur le Moyen Âge et l'Antiquité seraient encore ignorées de quelques-uns. Pour autant, il est clair que le Moyen Âge ne pouvait vivre du catholicisme et que l'Antiquité ne pouvait vivre de la politique. Les conditions économiques qui y étaient en vigueur expliquent au contraire pourquoi ici la politique et là le catholicisme y jouèrent le rôle principal. Il suffit d'ailleurs de connaître un minimum l'histoire de la République romaine, par exemple, pour constater que l'histoire de la propriété foncière est le secret même de son histoire. D'un autre côté, Don Quichotte, déjà, avait eu à se repentir d'avoir cru la chevalerie errante compatible avec toutes les formes économiques de la société.

production bourgeoise, raison pour laquelle elle apparaît tôt, bien qu'elle ne se soit pas imposée à l'époque de façon aussi hégémonique que de nos jours, son caractère fétiche semble à cette époque encore relativement facile à déceler. Cette simplicité apparente disparaît avec des formes plus concrètes. D'où viennent les illusions propres au système monétaire ? Du fait que l'on ne voit pas que l'or et l'argent représentent un rapport social de production, mais un rapport revêtant la forme de choses de la nature douées de qualités étrangement sociales. Et l'économie moderne, qui ricane avec distinction du système monétaire, ne montre-t-elle pas avec évidence le fétichisme qui est le sien dès qu'elle traite du capital ? Depuis combien de temps l'illusion physiocratique voulant que la rente foncière croît à partir de la terre et non de la société a-t-elle disparu ?

Mais n'anticipons pas, il suffira ici d'évoquer un exemple relatif à la forme marchandise elle-même. Si elles parlaient, les marchandises pourraient dire : notre valeur d'usage peut bien intéresser l'homme ; pour ce qui nous concerne, en tant qu'objets, nous nous en moquons bien. Ce qui nous importe réellement, c'est notre valeur. Le rapport que nous entretenons entre nous en tant que choses marchandises le démontre. Nous ne nous rapportons les unes aux autres qu'en tant que valeurs d'échange. Il semblerait que l'économiste, disant ce qui suit, prête sa voix à l'âme même de la marchandise : « La valeur (valeur d'échange) est une qualité des choses ; la richesse (valeur d'usage) une qualité de l'homme. La valeur, en ce sens, suppose nécessairement l'échange ; pas la richesse[1]. » « La richesse (valeur d'usage) est un attribut de l'homme, la valeur un attribut de la marchandise. Un homme ou une collectivité est riche ; une perle ou un diamant possède une valeur. [...] Une perle ou un diamant possède une valeur en tant que perle ou diamant[2]. »

Jusqu'à présent, aucun chimiste n'a encore découvert de valeur d'échange dans une perle ou un diamant. Mais les économistes qui ont inventé cette substance chimique, et qui prétendent tout particulièrement à la profondeur critique, trouvent que la valeur d'usage des choses leur revient indépendamment de leurs qualités matérielles – la valeur leur appartenant en revanche en tant que choses. Ce qui les confirme dans cette opinion, c'est la configuration bien particulière suivante : le fait que la valeur d'usage des choses se réalise pour l'homme sans échange, et donc dans un rapport immédiat entre la chose et l'homme, tandis que leur valeur, à l'inverse, ne se réalise que dans

1. « Value is a property of things, riches of man. Value, in this sense, necessarily implies exchange, riches do not. » Voir *Observations on Some Verbal Disputes in Political Economy, Particularly Relating to Value, and to Supply and Demand*, Londres, 1821, p. 16.

2. « Riches are the attribute of man, value is the attribute of commodities. A man or a community is rich, a pearl or a diamond is valuable. [...] A pearl or a diamond is valuable as a pearl or a diamond. » Voir S. Bailey, *l. c.*, p. 165 et suivantes.

l'échange, c'est-à-dire dans un processus social. Qui ne se souvient ici du bon Dogberry et de la leçon qu'il donne au veilleur de nuit Seacoal : « Être un homme de belle apparence est un don des circonstances, mais savoir lire et écrire nous vient de la nature[1]. »

---

1. L'auteur des *Observations* et S. Bailey accusent Ricardo d'avoir fait de la valeur d'échange – seulement relative – un absolu. Tout au contraire. Il a ramené la relativité apparente qui, en tant que valeur d'échange, est celle de ces choses – diamants et perles, par exemple – au véritable rapport qui est dissimulé derrière cette apparence : à leur relativité en tant que pures et simples expressions du travail humain. Si les partisans de Ricardo n'ont répondu à Bailey que de façon grossière, et en rien de façon concluante, c'est pour la seule raison qu'ils n'ont trouvé chez Ricardo lui-même aucun aperçu éclairant quant au rapport intime existant entre la valeur et la forme de la valeur ou valeur d'échange.

SOURCES DES TEXTES

« Le capitalisme comme religion » *(Kapitalismus als Religion)*, fragment posthume numéroté 74 dans les *Œuvres complètes* (*Gesammelten Schriften*, VI), a été rédigé en 1921.

« Fragment théologico politique » *(Theologisch-politisches Fragment)*, fragment posthume (*Gesammelten Schriften*, II), a été écrit entre 1920 et 1922.

« Panorama impérial » *(Kaizerpanorama)*, dont les premiers brouillons datent de 1923, est le seizième chapitre de *Sens unique* (1928).

« Gottfried Keller » *(Über Gottfried Keller)* a paru le 5 août 1927 dans *Die literarische Welt*, hebdomadaire berlinois dirigé par un ancien ami de Kafka, Willy Haas, et publié par Rowohlt Verlag.

« Sur Scheerbart » est le troisième écrit de Benjamin consacré à cet auteur. Rédigé en français pour Adrienne Monnier, qui avait souhaité le publier dans *La Gazette des amis des livres*, mais ne le fit pas, il date de 1939-1940.

« Le caractère fétiche de la marchandise et son secret » *(Der Fetischcharakter der Ware und sein Geheimnis)*, de Karl Marx, est extrait de la première section (« La marchandise et la monnaie ») du livre I de *Das Kapital*. Notre traduction est celle de la dernière version revue et augmentée par Marx lui-même en 1883 (voir MEGA, t. VIII, Berlin, Dietz, 1989).

TABLE

Mise en pages
PCA – 44400 Rezé

Imprimé à Barcelone par:
BLACK PRINT
en octobre 2019

Dépôt légal : mars 2019

Imprimé en Espagne